Xpert.press

Die Reihe **Xpert.press** vermittelt Professionals in den Bereichen Softwareentwicklung, Internettechnologie und IT-Management aktuell und kompetent relevantes Fachwissen über Technologien und Produkte zur Entwicklung und Anwendung moderner Informationstechnologien.

Carlo Simon · Bernd Hientzsch

Prozesseigner

Wissen & Methoden für Manager von Unternehmensprozessen

Carlo Simon
Ediger-Eller, Deutschland

Bernd Hientzsch
Hochheim, Deutschland

ISSN 1439-5428 Xpert.press
ISBN 978-3-658-06459-4 ISBN 978-3-658-06460-0 (eBook)
DOI 10.1007/978-3-658-06460-0

Die Deutsche Nationalbibliothek verzeichnet diese Publikation in der Deutschen Nationalbibliografie; detaillierte bibliografische Daten sind im Internet über http://dnb.d-nb.de abrufbar.

Springer Vieweg

Gedruckt auf säurefreiem und chlorfrei gebleichtem Papier

Springer Fachmedien Wiesbaden ist Teil der Fachverlagsgruppe Springer Science+Business Media
(www.springer.com)

Vorwort

Für Unternehmen gewinnt das Thema *Prozessmanagement* aufgrund der aktuellen *Megatrends* zunehmend an Bedeutung: Die Chancen und Risiken durch die *Globalisierung*, die Herausforderungen des *demographischen Wandels*, die Erfüllung nationaler, europäischer und weltweiter *gesellschaftlicher* und *gesetzlicher Anforderungen* und *Normen* sowie das Befolgen industrieller Standards, um *Zertifizierung* zu erreichen.

Globalisierung Die Globalisierung und die damit verbundene Öffnung von Märkten für Produkte weltweit trägt substantiell zum Wirtschaftswachstum bei. Hierfür ist es nötig, die Produktionskapazitäten entweder durch langfristige Investitionen in Produktionsanlagen zu steigern oder durch effizienteres Arbeiten. Prozessmanagement ermöglicht dies, ohne dabei viel Kapital zu binden, was Unternehmen flexibler agieren lässt.
Die Globalisierung stellt Unternehmen zudem vor die Aufgabe, sich zunehmend zu vernetzen und eine komplexe Kommunikation zu managen. Da sich die Informationsflüsse aber entlang der Produktions- und Verwaltungsprozesse bewegen, kann Prozessmanagement verteiltes Wachstum auch über Unternehmensgrenzen hinweg ermöglichen.

Demographischer Wandel Der demographische Wandel wird in naher Zukunft zu einer regionalen Verknappung von Fachkräften führen. Wollen Unternehmen trotzdem einen weltweit wachsenden Absatzmarkt bedienen, müssen sie diesen Mangel kompensieren. Hierzu müssen sie sich *fokussieren*, um *effektiver* zu werden und die vorhandenen Ressourcen *effizienter* zu nutzen.
Durch den erwarteten *War of Talents* müssen diese Herausforderungen gekoppelt werden mit attraktiv gestalteten Arbeitsbedingungen. Leistungsträger werden Gestaltungsspielräume einfordern, in denen sie durch *Selbstorganisation* ihr Potenzial entfalten und für ihr Unternehmen nutzbar machen können.

Gesellschaftliche & gesetzliche Anforderungen, Zertifizierungen Viele Unternehmen beklagen eine vermeintliche Überregulierung durch gesetzliche und behördliche Vorgaben oder die Anforderungen von Kunden, Qualitätsstandards zertifiziert zu erfüllen und im Rahmen von Audits zu belegen. So führen Umweltschutz, Arbeitsschutz und Arbeitssicherheit, Anlagensicherheit, Datenschutz oder Themen wie Energieeffizienz oder CO_2-Handel zu immer neuen zu erfüllenden Auflagen, die zudem weltweit sehr unterschiedlich ausgeprägt sein können.

Compliance Management umfasst eine Sammlung von Methoden, die helfen, diese Regelwerke zu befolgen. Dokumentierte Geschäftsprozesse spielen dabei ebenso eine zentrale Rolle wie *verbindlich formulierte Regeln.* Das Thema Compliance Management lässt sich daher gut mit Prozessmanagement-Methoden kombinieren und aus diesen heraus entwickeln.

Unternehmen werden sich also anpassen, erneuern und wandeln müssen, um *effektiv* die richtigen Themen eines sich ändernden Markts zu bearbeiten, ihre Ziele *verbindlich* zu verfolgen und hierbei *effizient* vorzugehen. Transparenz in Strukturen und Abläufen ermöglicht Produkt- und Prozessinnovationen. Doch wie *lernt eine Organisation* Prozessmanagement?

Prozessmanagement als Managementdisziplin einzuführen, um den geschilderten Herausforderungen zu begegnen, ist eine komplexe Aufgabe. Für viele Unternehmen bedeutet dieser Schritt einen Struktur- und Kulturwandel. Dieser muss vom allgemeinen Management und von den Mitarbeitern *gewollt*, *strukturell ermöglicht* und praktisch *umgesetzt* werden, um eine nachhaltige *Weiterentwicklung* zu sichern. Hieraus ergeben sich auch die Phasen, in denen Unternehmen Prozessmanagement einführen müssen.

Dieses Buch richtet sich gezielt an die große Gruppe der *Prozesseigner*, die in ihrem Unternehmen für einen oder mehrere Geschäfts- und Produktionsprozesse verantwortlich sind. Ihre Rolle ist wichtig, damit Prozessmanagement insgesamt gelingt. Geschulte Prozesseigner ermöglichen Standards zu etablieren und dezentral erkannte Verbesserungspotenziale zu erschließen. Hierzu müssen sie Führungsverantwortung übernehmen, ohne über disziplinarische Durchgriffsmöglichkeiten zu verfügen. Dieses Buch hat sich zum Ziel gesetzt, Prozesseignern praxisnah konkrete Anleitungen zu vermitteln, um dieser Aufgabe gerecht zu werden.

Ediger-Eller, Deutschland — Carlo Simon
Hochheim, Deutschland — Bernd Hientzsch

Inhaltsverzeichnis

Warum Unternehmen Prozessmanagement nutzen 1

Mitarbeiter, die einen oder mehrere Prozesse in ihrem Unternehmen verantworten, haben die Rolle einer *Prozesseignerin* oder eines *Prozesseigners* inne.[1] Doch wieso gibt es in Unternehmen neben der „klassischen" Organisation in Abteilungen und Projekten überhaupt eine *Ablauf*- oder *Prozessorganisation*? In welchen Schritten sollten sich diese entwickelt haben? Welche anderen Rollen gibt es im Prozessmanagement neben den Prozesseignern und welche Aufgaben haben diese? Diese Fragen sollen in diesem ersten Kapitel beantwortet werden.

Das zentrale Thema im Prozessmanagement ist die *Wertschöpfung* und daher die Fokussierung von Unternehmen auf wertschöpfende und Wertschöpfung ermöglichende Abläufe, jetzt und in Zukunft. Dabei ist Prozessmanagement weiter zu fassen als Methoden zur Prozessverbesserung wie KVP[2] oder Six Sigma.[3] Vielmehr umfasst Prozessmanagement auch die Strategie und Kultur eines Unternehmens sowie eine vergleichende Prozessbewertung.

Aus diesem Grund eröffnet Prozessmanagement für Unternehmen neue Chancen, indem es bestehende Verhaltensmuster hinterfragt. *Doch rechtfertigen die Chancen die Risiken, die mit der Neugestaltung einer Organisation verbunden sind?* Oder sind die gesellschaftlichen und gesetzlichen Anforderungen längst so, dass Unternehmen ein funktionierendes Prozessmanagement vorhalten müssen? Ehe diese Fragen beantwortet werden, soll hier zunächst aufgezeigt werden, woraus sich die Komplexität bei der Einführung von Prozessmanagement ergibt, in welchen Phasen dieses Thema in Unternehmen entwickelt

[1] Im Folgenden werden wir die männliche Form für Rollenbezeichnungen verwenden, um den Lesefluss zu vereinfachen.

[2] Kontinuierliche Verbesserungsmaßnahmen (KVP) zielen auf Maßnahmen zur Verbesserung der Arbeitsqualität in den Bereichen Produktqualität, Effizienz, Produktivität, Zeit und Kommunikation. (In Anlehnung an (Witt und Witt 2008, S. 11).)

[3] Six Sigma bietet Methoden und Vorgehensmodelle, um schlanke und variationsfreie Prozesse sowie kundenorientierte Produkte zu schaffen. (In Anlehnung an (Lunau 2006, S. 7).)

C. Simon, B. Hientzsch, *Prozesseigner*, Xpert.press,
DOI 10.1007/978-3-658-06460-0_1

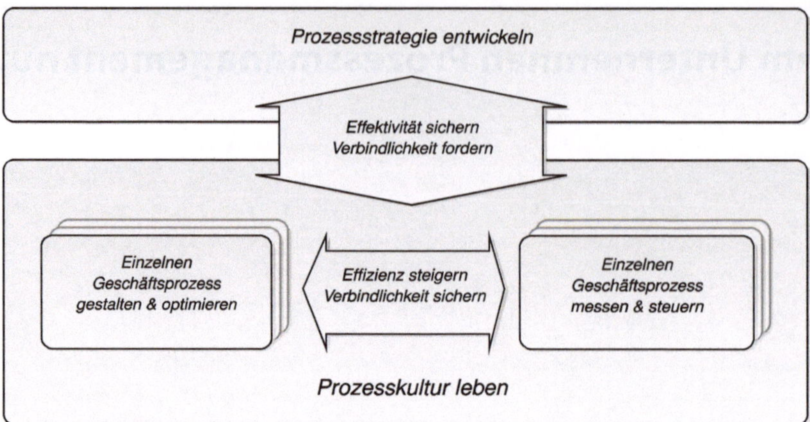

Abb. 1.1 Aufgabengebiete im Prozessmanagement

werden sollte und welche Aufgaben auf die Mitarbeiter zukommen, welche Rollen also zu etablieren sind.

1.1 Komplexität verstehen

Im Prozessmanagement gibt es sehr unterschiedliche Arten von Aufgaben und Tätigkeiten, woraus sich eine hohe Komplexität ergibt. Denn erst das Zusammenwirken dieser Methoden erschließt deren Nutzenpotenzial.

Abbildung 1.1 zeigt das Thema Prozessmanagement in einer Übersicht. Dabei ist grundsätzlich zu unterscheiden, ob die *Gesamtheit der Prozesse* eines Unternehmens betrachtet werden soll oder gezielt *einzeln*. Und für beide Fokusse können wiederum die Aufgaben *„Gestalten"* und *„Leben"* unterschieden werden.[4]

Die Kernaussage zu Abb. 1.1 lässt sich in der folgenden Definition *Prozessmanagement* zusammen fassen:

Definition: Prozessmanagement
Prozessmanagement umfasst die Ableitung einer Prozessstrategie aus der Unternehmensstrategie sowie ihre regelmäßige Überprüfung, die Gestaltung der Prozesse, Prozessmessung und -optimierung sowie das Entwickeln einer Prozesskultur, die gelebt wird.

Die *Prozessstrategie* wird aus der Unternehmensstrategie abgeleitet. Sie legt Art und Zweck der Prozesse fest, zeigt deren Zusammenwirken, verknüpft die Prozesssicht mit

[4]In Anlehnung an (Fischermanns 2006, S. 18).

der Aufbauorganisation und erlaubt eine Priorisierung der Prozesse untereinander. Ergebnis sind eine *Prozesslandkarte*, die Benennung von *Prozesseignern* als Verantwortliche für die Prozesse sowie deren Priorisierung hinsichtlich Relevanz in Bezug auf die Unternehmensziele. Damit leistet die Prozessstrategie ihren Beitrag zur *Effektivität* des Unternehmens. Ferner sorgt das Benennen von Verantwortlichkeiten in unterschiedlichen Rollen dafür, die *Verbindlichkeit* zu steigern. Die Prozessstrategie wird aber wohl nur umgesetzt und gelebt, wenn es eine entsprechende *Prozesskultur* gibt.

Die Prozessstrategie ist für jeden einzelnen *Prozess* zu übersetzen. Dabei sei ein *Prozess* wie folgt definiert:[5]

Definition: Prozess
Ein *Prozess* ist ein verbindlicher Arbeitsablauf, der für einen internen oder externen Kunden einen Nutzen stiftet, der ein eindeutiges Startereignis und Endergebnis hat und arbeitsteilig von mehreren Prozessbeteiligten bearbeitet wird.

Die *Prozessstrategie* bildet somit den Ausgangspunkt und wird hinsichtlich Struktur und Dynamik auf die einzelnen Prozesse übertragen. So ergibt sich etwa das angestrebte *Prozessergebnis* aus der Strategie und ist immer als *Kundennutzen* zu formulieren, wobei der Kunde ein externer – zahlender – oder ein interner Kunde bzw. ein anderer Prozess sein können. Ein Ringschluss von einem internen Kunden zum nächsten wäre ein Indiz dafür, dass sich die Organisation nur mit sich selber beschäftigt.

Ziel ist es, alle Aktivitäten und deren Verknüpfungen innerhalb des Prozesses wertschöpfend auf dieses Ergebnis auszurichten. Hierfür sorgt je Prozess ein Prozesseigner. Er ist *verantwortlich* für die Festlegung eines *Startereignisses*, welches dafür sorgt, dass der Beginn eines Prozesses von den *Prozessbeteiligten* nicht verpasst wird, also kein Kundenwunsch unbeachtet bleibt. Ebenso sind die weiteren Prozessschritte mit den Prozessbeteiligten abzustimmen und evtl. zu trainieren bis hin zum Prozessabschluss, bei dem die Prozessergebnisse an die Kunden bzw. nachfolgende Prozesse übergeben werden.

All diese Maßnahmen tragen dazu bei, die *Effizienz zu steigern* und die *Verbindlichkeit* der Abläufe *zu sichern*. Hierzu sind die Abläufe zu *gestalten* und auf das Prozessergebnis hin zu *optimieren*. Die tatsächliche Prozessführung ist zu *messen* und mittels Kennzahlen zu *steuern*.

Die letztgenannten Schritte setzen eine *Prozesskultur* voraus, die eine transparente Darstellung der Arbeitsabläufe gestattet und das Steuern der Abläufe unterstützt. Gleichzeitig muss sie zulassen, dass Defizite in Prozessen oder auch nur den Prozessdefinitionen offen kommuniziert und im Sinne der Organisation behoben werden.

Wesentliches Element der Prozessgestaltung ist die Ausrichtung auf die *Prozessziele* und die *Messung der Zielerreichung*. Qualitätssichernde und qualitätsüberprüfende Schritte sollten also Teil jedes Prozesses sein. *Kennzahlen* zur Qualität der Prozessdurch-

[5]In Anlehnung an (Ahlrichs und Knuppertz 2010, S. 14).

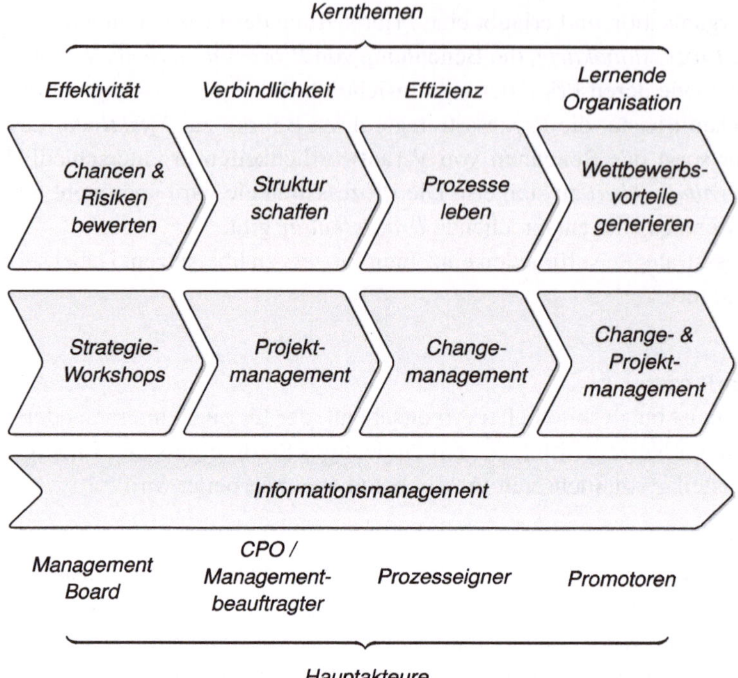

Abb. 1.2 Schritte zur Einführung von Prozessmanagement

führung – Process Performance Indicator (PPI) – und Kennzahlen zur quantitativen und qualitativen Bewertung des Prozessergebnisses – Key Performance Indicator (KPI) – sind zu definieren, ehe der Prozess gestaltet wird. Denn der Aufbau von Prozessen sollte sich aus den Zielen und nicht aus gewachsenen Strukturen oder den Gegebenheiten der Aufbauorganisation ableiten.

1.2 Prozessmanagement phasenweise einführen

In vielen Unternehmen wurden in der Vergangenheit Konzepte des Prozessmanagements nur in Teilen umgesetzt. Und oft hat genau dies zu *Problemen* und *Zweifeln* an dem Konzept als solchem geführt. Tatsächlich verlangt das Thema eine ganzheitliche Betrachtung. Ein nachhaltiger Erfolg kann sich erst einstellen, wenn die Akteure die Kernthemen des Prozessmanagements – *Effektivität*, *Verbindlichkeit*, *Effizienz* und damit verbunden die Entwicklung zur *lernenden Organisation* – aus ihren jeweiligen Perspektiven verfolgen. Abbildung 1.2 zeigt, in welchen Schritten diese Kernthemen idealtypisch entwickelt werden.

Chancen & Risiken bewerten Ob das Thema Prozessmanagement in einem Unternehmen verfolgt wird, ist eine Entscheidung des *Management Boards* und nur dieses kann das Thema durchsetzen. Eine Entscheidung dafür kann aus Zwängen erfolgen[6] oder aus der Einsicht heraus, dass Effektivität, Verbindlichkeit, Effizienz und eine lernende Organisation die eigene Marktposition stärken. Daher ist neben dem „Ob" auch das „Wie" einer Prozessmanagement-Einführung in der *Prozessstrategie* festzulegen.

Dabei ist Prozessmanagement nicht für alle Unternehmungen gleich sinnvoll. „Kleine" Unternehmen arbeiten informell oft sehr effizient. Sobald aber eine Größenordnung erreicht oder überschritten ist,[7] die formale Organisationsstrukturen verlangt, kann Prozessmanagement einen höheren Nutzen bringen als es Aufwand bedeutet. Die *Chancen* aus der Formulierung einer Prozessstrategie liegen in der Fokussierung des Unternehmens und damit in der Steigerung seiner *Effektivität.*

Die Prozessstrategie bestimmt umgekehrt auch die *Prozesskultur* und damit die Unternehmenskultur insgesamt. Wird gleichberechtigt neben einer Aufbauorganisation eine Ablauforganisation etabliert, so erfordert dies neue Entscheidungswege und einen deutlich höheren Autonomiegrad der Mitarbeiter, dem sogenannten Empowerment.[8] Der hierfür notwendige Lernprozess birgt – gerade für traditionell eher hierarchisch geführte Organisationen – erhebliche *Risiken.*

Im Rahmen von *Strategie-Workshops* kommen Prozesslandkarten und klassische Strategiewerkzeuge zum Einsatz.

Struktur schaffen Um Prozessmanagement im Unternehmen zu etablieren, müssen *verbindliche Strukturen* geschaffen werden. Diese umfassen sachorientierte Komponenten wie Beschreibungssprachen, Definitionen oder Messgrößen sowie personenorientierte Komponenten wie Verhalten und Einstellungen, die Prozesskultur oder auch die Fähigkeit, erfolgreich Veränderungen zu managen.[9]

Oft müssen hierfür neue EDV-Systeme implementiert bzw. bestehende Systeme verändert werden. Daher ist auch der Chief Information Officer (CIO) einer der wichtigen Akteure für diesen Schritt. Die Dokumentation verantwortet der Managementsystem-Beauftragte.

Eine Prozessorganisation lässt sich nicht durch Informationssysteme allein realisieren. Vielmehr geht es darum die Mitarbeiter zu befähigen, sich selbst zu organisieren und für die Prozessgestaltung und -ausführung Verantwortung zu übernehmen. Hierzu sind entsprechende Rollen zu etablieren und Schulungen zu entwickeln.

Auch für das Prozessmanagement gilt, dass man nur managen kann, was auch gemessen wird.[10] Für die Bestimmung geeigneter Kennzahlen zur Messung von Prozessleistung

[6]Viele Unternehmen müssen aufgrund gesetzlicher Anforderungen sowie zur Erlangung marktrelevanter Zertifizierungen ihre Prozesse dokumentieren.

[7]Das ist zumeist der Fall, wenn in Unternehmensleitung, Marketing und Vertrieb sowie Produktentwicklung mehr als 25 Personen zusammenarbeiten.

[8]Hierbei wird das autonome Selbstorganisationspotenzial genutzt, bei dem Befugnisse so übertragen werden, dass Abstimmungsbedarfe ohne Eingriff übergeordneter Instanzen gelöst werden (Jung et al. 2007, S. 396).

[9]In Anlehnung an Ahlrichs und Knuppertz (2006, S. 4).

[10]Diese Beobachtung geht wohl zurück auf den Ökonom Peter F. Drucker.

und Prozessergebnis, für die Messung selbst sowie für eine Reaktion auf die Messgrößen sind geeignete Methoden und Foren zu etablieren.

Ein *integriertes Managementsystem* sowie Organisationsstrukturen für das Prozessmanagement werden in *Projekten* entwickelt. Hinsichtlich Durchführung und Ergebnis gibt es zum Teil Vorgaben durch Normen, etwa der DIN EN ISO 9000 (2005). Für eine Zertifizierung sind die Vorgaben der jeweiligen Norm zu befolgen. Gehen die Ziele darüber hinaus, sind die Projekte und das *Projektmanagement* entsprechend zu erweitern.

Prozesse leben Sind mit der Strategie und den organisatorischen Strukturen die richtigen Voraussetzungen geschaffen, damit Prozessmanagement im Unternehmen angenommen wird? Falls nicht, droht Prozessmanagement mehr Ressourcen zu binden als dass es Nutzen stiftet. Denn schließlich kann eine positive Wirkung nur erzielt werden, wenn die *Prozesse gelebt* werden.

Zwar finden auch ohne bewusstes Management Prozesse in Unternehmen statt. Doch damit sie auf die Prozessziele hin gesteuert werden und ein reproduzierbares Ergebnis liefern, bedarf es Regeln, um die Prozessergebnisse zu bewerten, die Prozesse zu messen und zu gestalten. Hierfür sind oft Strukturen und Verhalten zu verändern – der Grund, warum Prozessmanagement-Verantwortliche über *Change Management* Kompetenzen verfügen müssen.

Damit ergibt sich eine deutlich andere Sichtweise auf Prozesse als die, dass es sich hier nur um eine Folge von Arbeitsschritten handele. Vielmehr geht es darum, die Wünsche der internen und externen Kunden zu achten, die auslösenden Startereignisse von Prozessen klar zu erkennen sowie Prozessergebnisse verbindlich anzustreben. Hierfür ist das „Was" festzulegen – das „Wie" kann oft den Prozesseignern und -beteiligten überlassen werden, ist aber nichtsdestotrotz zu dokumentieren und zu kontrollieren.

Eine zielorientierte Betrachtung von Prozessen würdigt in besonderem Maße die Rolle der Prozesseigner und gibt der Überprüfung der Zielerreichung ein hohes Gewicht. Für die Messung von Prozessen unterscheidet man Kennzahlen für das Prozessergebnis – Key Performance Indicator (KPI) – und die Prozessdurchführung – Process Performance Indicator (PPI). Für diese sind

- Schritte zu etablieren, durch die die Kennzahlen mit vertretbarem Aufwand erhoben werden,
- qualitätssichernde Schritte sind zu berücksichtigen, die sicherstellen, dass Prozesse hinsichtlich der Kennzahlen qualitativ angemessen abgeschlossen werden und
- Schritte sind in den Prozess einzubauen, durch die korrigierend in den Prozess eingegriffen werden kann.

Schließlich sind für jeden Prozessschritt dessen auslösende Ereignisse anzugeben. Dies ermöglicht einen kontinuierlichen Prozessfluss.

Wie Prozesse aus unterschiedlichen Perspektiven modelliert werden, damit die mit dem Prozess verbundenen Prozessziele auch erreicht werden, wird ausführlich in Kap. 2 erklärt.

Wettbewerbsvorteile generieren Effektivität, Verbindlichkeit und Effizienz sind Faktoren, über die Unternehmen ihre Wettbewerbsfähigkeit steigern. Doch sind sie auch Schlüssel zur Generierung *neuer Wettbewerbsvorteile*?
Zentral für die Generierung von Wettbewerbsvorteilen ist die Fähigkeit aufgrund erkannter Kundenprobleme Produkt- und Prozessinnovationen systematisch zu erarbeiten. Bei *Produktinnovationen* müssen diese so schnell wie möglich durch die wertschöpfenden Prozesse umgesetzt und den Kunden verkauft werden. *Prozessinnovationen* hingegen müssen im laufenden Betrieb eingeführt werden können.
Die Fähigkeit, laufend auf eine sich ändernde Umwelt reagieren zu können, wird *lernenden Organisationen* zugesprochen. Diese müssen ein ausgeprägtes *Change Management* und *Projektmanagement* beherrschen, um die prozessualen Veränderungen zu bewältigen.

Die in Abb. 1.2 gezeigten Phasen müssen durch die genannten Akteure maßgeblich gestaltet werden. Weitere Rollen, die für ein lebendiges Prozessmanagement wichtig sind, werden im folgenden Abschn. 1.3 beschrieben.

1.3 Verantwortlichkeiten über Rollen sichern

Die unterschiedlichen *Aufgabenfelder* im Prozessmanagement,[11] die in Abschn. 1.1 dargestellt sind, werden von Akteuren in unterschiedlichen *Rollen* wahrgenommen:[12]

Definition: Rolle
Eine *Rolle* legt Aufgaben, Kompetenzen und Verantwortlichkeiten fest, die für die Implementierung von *Prozessmanagement insgesamt* als auch für *einzelne Prozesse* benötigt werden.

Die mit einer Rolle verknüpften *Aufgaben* variieren abhängig von der Phase der Prozessmanagement-Einführung:[13]

Verantwortet Der Rolleninhaber stellt sicher, dass eine Aufgabe umgesetzt wird, und besitzt hierzu die notwendige Kompetenz und Weisungsbefugnis.
Realisiert Der Rolleninhaber führt eine Aufgabe als Teil seiner Arbeit aus.
Wird informiert Der Rolleninhaber wird über Erfolg und Ergebnis einer Aufgabe informiert.

[11] Betrachtung der Gesamtheit der Prozesse vs. eines einzelnen Prozesses sowie das „Gestalten" vs. dem „Leben".

[12] In Anlehnung an Knuppertz und Feddern (2011, S. 86).

[13] Die Phasen sind: *Chancen & Risiken bewerten*, *Struktur schaffen*, *Prozesse leben* sowie *Wettbewerbsvorteile generieren*, siehe Abb. 1.2.

	Prozessmanagement insgesamt				Je einzelnem Prozess					
	Prozessstrategie entwickeln	Effektivität sichern	Verbindlichkeit fordern	Prozesskultur leben	Prozess gestalten	Prozess optimieren	Prozess messen	Prozess steuern	Effizienz steigern	Verbindlichkeit sichern
(Prozess-) Management Board	V	B	B	R						I
Chief Process Officer	M/R	V/R	V/R	V/R	I	I			V	V
Managementsystem-Beauftragter	B	B	R	R	B	B				R
Prozesseigner	I	I	I	R	V/R	V/R	V/R	V/R	R	R
Prozessmitarbeiter	I	I	I	R	B/R	B/R	B/R	B/R	R	R
Prozess-verantwortlicher	I	I	I	R	B/R	B/R	R	R	R	R
Prozessexperte	I	I	I	R	B	B			B	B
Prozessberater				R	B	B	R		R	R
Prozesscontroller			I	R				R		R
Auditor					B	B			B	B

V: Verantwortet R: Realisiert I: Wird informiert
M: Moderiert B: Berät

Abb. 1.3 Rollen im Prozessmanagement

Moderiert Der Rolleninhaber trägt als Moderator Mitverantwortung an der Aufgabenerfüllung.

Berät Der Rolleninhaber ermöglicht die Aufgabenerfüllung durch externes Wissen.

Kaum eine der in Abb. 1.3 gezeigten Rollen benötigen einen „exklusiven" Mitarbeiter. Vielmehr sind viele der im Folgenden beschriebenen Aufgaben ohnehin durch die Organisation eines Unternehmens zu erfüllen. Wird diese durch ein so detailliertes Rollenmodell dann nicht nur verkompliziert? Die Antwort lautet „Nein". Vielmehr ist diese Aufschlüsselung notwendig, um Verantwortlichkeiten zuweisen zu können. Passiert dies nicht, drohen wichtige Aufgaben vernachlässigt zu werden.

Prozess Management Board Aufgabe des Prozess Management Boards ist es, die *Prozessstrategie* aus der Unternehmensstrategie abzuleiten, den Prozessmanagement-*Reifegrad* zu *bewerten*, die *Prozesslandkarte* zu gestalten und hierbei die *Prozesse zu priorisieren*, einen *Chief Process Officer* zu berufen sowie die *Prozesseigner* zu benennen. Je nach Größe des Unternehmens können diese Aufgaben vom Management Board wahrgenommen werden. Ist ein spezielles Prozess Management Board einberufen, müssen diesem neben der Geschäftsführung auch der Chief Financial Officer und der Chief Information Officer angehören.

Chief Process Officer Der Chief Process Officer verantwortet die *Implementierung von Prozessmanagement relevanter Software* im Unternehmen. Hierzu *moderiert* er das Prozess Management Board, formuliert in Abstimmung mit dem Managementsystem-Beauftragten die *Regeln*, nach denen die Prozesse in einem *integrierten Managementsystem* abgebildet werden und legt die Regeln fest, über die *Prozesskennzahlen* erhoben und reported werden.

Managementsystem-Beauftragter Aufgabe des Beauftragten für das Managementsystem ist es, die *informationstechnische Infrastruktur* bereit zu stellen, in der die Prozessmodelle modelliert und im Unternehmen veröffentlicht werden. Daneben fällt dieser Rolle zu, das Prozess Management Board, den Chief Process Officer sowie die Prozesseigner zu *beraten* und als zentrale Person die *homogene Bearbeitung des Themas Prozessmanagement im Unternehmen zu gewährleisten.*

Prozesseigner Die Prozesseigner leiten die *Ziele* für die von ihnen verantworteten Prozesse aus der Unternehmensstrategie ab, *gestalten* die Prozesse in Abstimmung mit den Prozessmitarbeitern, organisieren *Abteilungen übergreifende Schnittstellen* mit den Prozessverantwortlichen, leiten *Kennzahlen* aus den Prozesszielen ab, nach denen die Prozesse *analysiert* und *gesteuert* werden und stimmen Eingriffe in das Prozessgeschehen mit den *Prozessverantwortlichen* ab. Prozesseigner haben darüber hinaus die Verantwortung, ihren Prozess kontinuierlich *zu optimieren*, wobei dessen Abhängigkeiten zur Aufbauorganisation und zu anderen Prozessen zu beachten sind, so dass eine Optimierung des Einzelprozesses nicht zu einer Verschlechterung der Gesamtsituation führt.

Prozessmitarbeiter Die Prozessmitarbeiter *bearbeiten* die Teilaufgaben, aus denen die Prozesse aufgebaut sind, und sorgen – sofern dies nicht ohnehin durch die verwendete Informationstechnik geschieht – für eine *kontinuierliche Verkettung der Arbeitsabläufe*. Ausdrücklich sollen sie in Abstimmung mit dem Prozesseigner die Arbeitsschritte optimieren und die Schnittstellen zu den vor- und nachgelagerten Prozessschritten gestalten.

Prozessverantwortlicher Die Prozessverantwortlichen sind Prozessmitarbeiter in Prozessen, die mehrere aufbauorganisatorische Einheiten durchlaufen. Sie sorgen für die *Funktionsfähigkeit des Prozesses in ihrer Einheit.* Damit umfasst die Rollenaufgabe der Prozessverantwortlichen insbesondere auch, *gegensätzliche Interessen von Aufbau-*

und Ablauforganisation zu erkennen und sowohl die Leitung in der Aufbauorganisation als auch den Prozesseigner auf solche Konflikte hinzuweisen, um lokale Optima zu Ungunsten der Gesamtorganisation zu verhindern.

Prozessexperte Die Prozessexperten sind Prozess- und Informationsmanager, die Konzepte für die *informationstechnische Unterstützung* der Prozesse erarbeiten, die dann in die Entwicklung betrieblicher Anwendungssysteme einfließen.

Prozessberater Prozessberater *unterstützen* die Prozesseigner bei der Modellierung der Prozesse und helfen die Prozesse mit Blick auf die mit ihnen verknüpften Ziele hin zu optimieren.

Prozesscontroller Die Prozesscontroller gewährleisten die *ordnungsgemäße Erfassung der Prozesskennzahlen*, bereiten diese auf und berücksichtigen diese im *Reporting*.

Auditor Auditoren bewerten die Prozesse einzeln oder als Ganzes mit dem Ziel der *Zertifizierung*. Diese Tätigkeit ist zumeist mit einer Form von *Beratung* verknüpft.

1.4 Zusammenfassung

- Das Thema Prozessmanagement ist deswegen so komplex, weil es gleichermaßen die Prozesslandkarte (also alle Prozesse und ihr Zusammenwirken) als auch einzelne Prozesse mit den Zielen Effektivität, Effizienz und Verbindlichkeit behandelt.
- Prozessmanagement umfasst die Ableitung einer Prozessstrategie aus der Unternehmensstrategie sowie ihre regelmäßige Überprüfung, die Gestaltung der Prozesse, Prozessmessung und -optimierung sowie das Entwickeln einer Prozesskultur, die gelebt wird.
- Ein Prozess ist ein verbindlicher Arbeitsablauf, der für einen internen oder externen Kunden einen Nutzen stiftet, der ein eindeutiges Startereignis und Endergebnis hat und arbeitsteilig von mehreren Prozessbeteiligten bearbeitet wird.
- Prozessmanagement ist in den Phasen *Chancen & Risiken bewerten*, *Struktur schaffen*, *Prozesse leben* sowie *Wettbewerbsvorteile generieren* einzuführen. Die hierfür jeweils verantwortlichen Hauptakteure sind zu benennen.
- Eine Rolle legt Aufgaben, Kompetenzen und Verantwortlichkeiten fest, die für die Implementierung von Prozessmanagement insgesamt als auch je einzelnem Prozess benötigt werden.
- Ein Rollenmodell ist nötig, um Prozessmanagement durch klare Verantwortungsstrukturen verbindlich einzuführen und zu leben.

2 Prozesse schrittweise entwickeln

Diente das erste Kapitel dazu, einen Überblick über das Thema Prozessmanagement zu vermitteln und die *Prozesseigner-Rolle* einzuordnen, so liegt der Fokus hier auf der Vermittlung ersten „Handwerkzeugs", das Prozesseigner benötigen, um Prozesse hinsichtlich ihrer relevanten Aspekte verstehen und diese mit Kollegen besprechen zu können.

Doch was sind diese *relevanten Aspekte*? Diese Frage lässt sich nicht pauschal beantworten. Vielmehr hängt die Antwort ab von Art und Zweck eines Prozesses sowie seinem Entwicklungsstand. Es kann sich etwa um einen neu einzuführenden Prozess handeln, oder um den Versuch, einen in der Vergangenheit informell laufenden Prozess zu strukturieren und besser steuerbar zu machen. Ferner ist die Unterstützung durch Informationstechnologie entscheidend. Wird diese bislang nicht genutzt, weil es keinen Bedarf gibt oder weil noch keine entsprechende Lösung implementiert wurde? Oder bereitet gerade der Einsatz von Informationstechnologie dadurch Schwierigkeiten, dass sehr viele Systeme zum Einsatz kommen, die aufeinander abgestimmt werden müssen? All das macht Prozesse sehr unterschiedlich und verlangt im Sinne des Prozessmanagements eine individuelle Behandlung.

Aus der Definition des Begriffs *Prozess* von Abschn. 1.1 lassen sich die *Mindestanforderungen an Prozessbeschreibungen* ableiten. Diese wiederum führen zu den wichtigsten Arbeitsschritten, die Prozesseigner durchlaufen müssen, um ihre Prozesse im Unternehmen zu implementieren und verbindlich steuerbar zu machen:

1. Kunden und Kundennutzen bestimmen
2. Kennzahlen zur Überprüfung der Prozessergebnisse festlegen
3. Kritische Kennzahlen zur Prozesssteuerung identifizieren
4. Steuernde Ereignisse identifizieren und würdigen
5. Prozessschritte zuordnen und Prozess implementieren

Diese Punkte bestimmen auch die folgenden Abschnitte in diesem Kapitel. Gleichzeitig finden sich diese Schritte in Kap. 6 wieder und werden dort auf Prozesse angewandt, die

C. Simon, B. Hientzsch, *Prozesseigner*, Xpert.press,
DOI 10.1007/978-3-658-06460-0_2

für alle Prozesseigner relevant sind. Darüber hinaus werden in Kap. 4 *Methoden der Prozessintensivierung* diskutiert, die dazu dienen, ein tieferes Prozessverständnis zu schaffen und Prozesse dadurch zu optimieren, dass ihre Engpässe erkannt und eliminiert werden.

2.1 Kunden und Kundennutzen bestimmen

Ob ein Prozess in einem Unternehmen zu etablieren ist, welche Bedeutung ihm zugesprochen wird und welche Besonderheiten er hat, ergibt sich aus seinem *Nutzen*. Nutzen stiftet ein Prozess aber nur, wenn er hilft, die *Unternehmensstrategie* umzusetzen und wenn es für das *Prozessergebnis* (Produkt oder Dienstleistung) auch einen *Kunden* gibt.

Je nach Art des Nutzens ergeben sich verschiedene Arten von Kunden. Üblicherweise unterscheidet man die folgenden Arten von Prozessen:[1]

Primäre Prozesse dienen der Wertschöpfung und erbringen unmittelbaren Nutzen für externe Kunden.

Sekundäre Prozesse sichern die Infrastruktur, um primäre und andere sekundäre Prozesse effizient ausführen zu können.

Managementprozesse umfassen die Strategieentwicklung, die Unternehmensführung und -bewertung.

Damit ist klar, dass Prozesse die „klassischen“ Organisationseinheiten in Unternehmen, also die *Aufbauorganisation*, nicht ersetzen. Grundsätzlich resultiert die Aufbauorganisation aus dem *Prinzip der Arbeitsteilung* und drückt sich aus in den Abteilungen und dem hierarchischen Aufbau eines Unternehmens. Die Aufbauorganisation beschreibt damit die *statischen Aspekte* einer Organisation, die *Ablauforganisation* hingegen die *dynamischen*.[2] Die Ablauforganisation verfolgt also den Zweck, wiederkehrende Aufgaben effizient und verbindlich abzuarbeiten.

Ein *Organigramm* stellt die Aufbauorganisation dar. Welche Abteilungen ein Unternehmen hat bzw. welche nicht, weil die entsprechenden Aufgaben an externe Dienstleister vergeben sind, ergibt sich aus der Unternehmensstrategie. Eine Fokussierung auf die Aufbauorganisation führt üblicherweise zu abteilungsbezogenen Verantwortungsbereichen. Deren Leistungen sind zwangsläufig innerhalb dieser Bereiche zu messen und finden sich in den Zielvereinbarungen des zugehörigen Managements wieder. Das birgt Risiken für die Gesamtorganisation.

Ziel der Ablauforganisation ist es hingegen, die *Wertschöpfungsketten* eines Unternehmens optimal zu gestalten.[3] An ihren Rändern stehen, wie in Abb. 2.1 gezeigt, die Kunden.

[1] Siehe hierzu (Schmelzer und Sesselmann 2013, S. 74).

[2] Bea und Göbel (2010, S. 247) diskutieren sehr ausführlich den Begriff der *Organisation* und grenzen Aufbau- und Ablauforganisation voneinander ab.

[3] Das Denken in Wertschöpfungsketten geht auf die Arbeiten von Porter zurück, etwa (Porter 2004, S. 33).

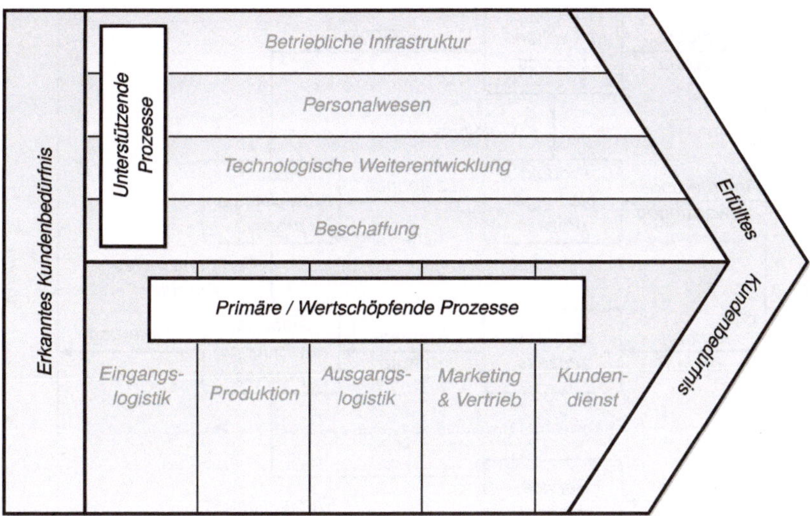

Abb. 2.1 Schematische Darstellung einer Wertschöpfungskette mit typischen Prozessarten

Die Wertschöpfung erfolgt über die Stufen *Eingangslogistik*, *Produktion*, *Ausgangslogistik*, *Marketing & Vertrieb* sowie *Kundendienst*. Sie beschreiben damit die eigentliche Produktionskette,[4] die Kundengenerierung sowie die Kundenbindung. Sekundäre Prozesse sichern die betriebliche Infrastruktur, das Personalwesen, die technologische Weiterentwicklung sowie die Beschaffung. Wird durch diese Herangehensweise die Aufbauorganisation der Ablauforganisation nachgeordnet, so spricht man von einer *Prozessorganisation*.[5]

Diagramme, die die Ablauforganisation eines Unternehmens im Ganzen abbilden, bezeichnet man als *Prozesslandkarten*. Für diese gibt es weder einen Standard, der festlegt, wie sie auszusehen haben noch welche Prozesse sie enthalten müssen. Doch es gibt eine Reihe von Empfehlungen. So zeigt Abb. 2.2 eine generische Prozesslandkarte der primären Prozesse eines Unternehmens. Auch hier sind die (externen) Kunden Ausgangspunkt und Ziel zugleich. Neben dem *Vertriebs*-, dem *Auftragsabwicklungs*- und dem *Serviceprozess* werden hier auch Prozesse zur *Erneuerung von Produkten* und *betrieblichen Strukturen* als unmittelbar wertschöpfend verstanden.

Neben den mit einem Prozess assoziierten Kernaktivitäten gibt die Prozesslandkarte in Abb. 2.2 auch Auskunft über die *Schnittstellen*, über die ein Prozess gestartet, beendet und mit anderen Prozessen gekoppelt wird. Hierbei sind insbesondere die Schnittstellen zu den Kunden wichtig, über die sich aktuelles und künftiges Geschäft realisieren lässt:

---

[4] Man kann hier auch von der *Supply Chain* sprechen. Der Begriff wird umfassend von Schulte (2012, S. 16ff) diskutiert und gegen den Begriff der *Logistik* abgegrenzt.

[5] Siehe hierzu (Gaitanides 2006, S. 32).

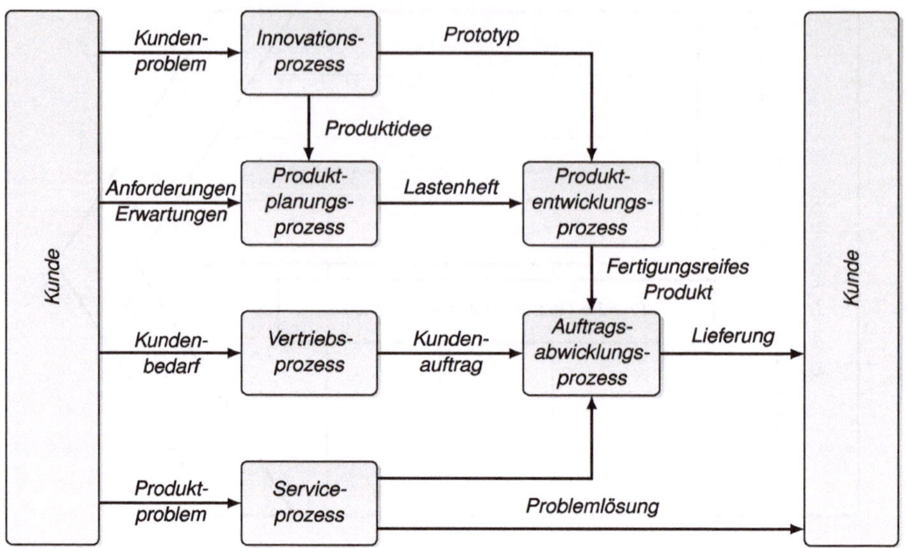

Abb. 2.2 Vereinfachte Prozesslandkarte in Anlehnung an (Schmelzer und Sesselmann 2013, S. 73)

Kundenbedarf muss durch den Vertrieb erkannt werden und in einen *Kundenauftrag* münden, den das Unternehmen mit bestehenden Produkten und Dienstleistungen befriedigen kann.

Produktprobleme bieten Unternehmen die Möglichkeit, kontinuierlich Dienstleistungen am Kunden zu erbringen und so mit den Kunden in Kontakt zu bleiben. Sie helfen zudem, bestehende Produkte und Dienstleistungen sowie deren Produktionsabläufe zu verbessern und weiterzuentwickeln.

Anforderungen und Erwartungen bestimmen die Ausgestaltung von Produkten und Dienstleistungen gemäß gesetzlichen Vorgaben sowie deren Anpassung an besondere Kundenbedarfe.

Kundenprobleme ermöglichen die Entwicklung von neuen, innovativen Produkten und Dienstleistungen. Hierbei kann es sich um eine nur leichte Anpassung handeln[6] oder um eine radikale Neuentwicklung,[7] die einen vollkommen neuen Markt definiert.

Während es eine „Standardaufgabe" des Vertriebs ist, den Kundenbedarf zu erkennen, sind Rückkopplungen vom Serviceprozess in den Produktentwicklungsprozess oder das Erkennen von Kundenproblemen oftmals nicht explizit in Unternehmen verankert. Innovationen entstehen dann aber nur zufällig und werden nicht systematisch nachgehalten – sie drohen im Tagesgeschäft zu versanden. Die Prozesslandkarte aus Abb. 2.2 erlaubt es, die Verantwortlichkeiten im Unternehmen zu hinterfragen und etwa festzustellen, wer für das

[6]Man spricht dann von einer inkrementellen Innovation.

[7]Diese bezeichnet man auch als Killer-Innovations.

Erkennen von Kundenproblemen zuständig ist. Denn offensichtlich sind Unternehmen mit unklaren Verantwortlichkeiten in ihrer Existenz bedroht: Unternehmen mit schlecht entwickeltem *Vertriebs-* und *Auftragsabwicklungsprozess* sind unmittelbar gefährdet, solche mit schlecht entwickeltem *Serviceprozess* mittelfristig und solche mit unabgestimmtem *Innovations-*, *Produktplanungs-* und *Produktentwicklungsprozess* langfristig.

Oft konzentriert man sich auf eine geringe Zahl primärer Prozesse und ihrer Schnittstellen.[8] Dies erleichtert eine Analyse hinsichtlich *Effektivität* und *Verbindlichkeit*. Doch das darf nicht dazu führen, dass die unterstützenden sekundären Prozesse und die Managementprozesse vernachlässigt werden.

Für Prozesseigner ergibt sich damit die Aufgabe, ihre Prozesse in die Prozesslandkarte des Unternehmens einzubetten. Primäre Prozesse richten sich an externe, zahlende Kunden und dienen unmittelbar der Wertschöpfung. Kunden sekundärer Prozesse sind die Abteilungen des Unternehmens oder andere Prozesse. Prozesseigner sollten gerade bei diesen darauf achten, dass es keine kreisförmigen Abhängigkeiten gibt – dies wäre ein Indiz dafür, dass sich die Organisation mit sich selbst beschäftigt. Kunde von Managementprozessen ist die Organisation selbst.

Die klare Identifikation des Kunden ermöglicht, den *Kundennutzen* zu formulieren. Dieser kann im Falle von externen Kunden mit Methoden der Marktforschung bestimmt werden – wird mit einem Produkt aber etwa ein völlig neuer Markt kreiert, stoßen diese Methoden an ihre Grenzen. Bei internen Kunden – seien es bestimmte Abteilungen oder andere Prozesse – liegt der Nutzen in einer optimalen Leistungserbringung für die Gesamtorganisation. Dieser ist gegenüber dem Aufwand, der durch den Prozess entsteht, abzuwägen. Ziel muss es sein, dass dieser Aufwand deutlich unter dem gestifteten Nutzen liegt. Im Zweifelsfall ist dieser über einen *Business Case*[9] nachzuweisen.

2.2 Kennzahlen zur Überprüfung der Prozessergebnisse festlegen

Grundsätzlich trägt ein Prozess dazu bei, ein Gut zu produzieren oder eine Dienstleistung zu erbringen. Diese müssen sich in die Wertschöpfungsketten *externer Firmenkunden* bzw. der *interner Kunden* (also andere Abteilungen oder Prozesse) einbinden lassen; auch für *Privatkunden* muss das Prozessergebnis ein Bedürfnis befriedigen. Die Einflussgrößen, die bestimmen, wie gut dieses Ziel erreicht wird, werden über *Key Performance Indicator*[10] gemessen.

---

[8]In der Literatur variiert die Zahl der primären Prozesse nur schwach. Brenner und Hamm (1995, S. 22) nennen etwa eine Zahl von fünf bis sieben zentralen Prozessen. Und nach Osterloh und Frost (2006, S. 36) soll die Zahl der Kernprozesse in einem Unternehmen die Anzahl von fünf bis acht nicht überschreiten. Lohse (1996, S. 295) bleibt mit Nennung der drei Primärprozesse *Order-to-Delivery* (oder auch *Order-Fullfillment*), *Time-to-Market* und *Customer-Service* an der empfohlenen Untergrenze. Die in Abb. 2.2 gezeigte Prozesslandkarte umfasst sechs primäre Prozesse.

[9]Nach Brugger (2009, S. 11) versteht man unter einem Business Case ein Szenario zur betriebswirtschaftlichen Beurteilung einer Investition.

[10]In Anlehnung an (Ahlrichs und Knuppertz 2006, S. 146ff).

Definition: Key Performance Indicator
Ein *Key Performance Indicator (KPI)* misst die Einflüsse, die direkt auf das Prozessergebnis wirken und die von den (internen oder externen) Kunden wahrgenommen werden.

Damit beschreiben KPI die aus Kundensicht wahrnehmbare *quantitative und qualitative Leistungsfähigkeit* eines Prozesses. Sie können genutzt werden, um einen Prozess genau auf den Kundenbedarf abzustimmen. Damit ist ein KPI ein Messwert, um die *Effektivität* eines Prozesses zu bestimmen.

Kundenzufriedenheit ist eine der zentralen Zielgrößen bei der Messung von Prozessergebnissen.[11] Folgende Fragen helfen, die Zufriedenheit mit den Prozessergebnissen (Produkt oder Dienstleistung), der Termineinhaltung sowie der Lösungsdauer zu bestimmen:

- Welche Merkmale sind am wichtigsten? Welche zukünftigen Anforderungen müssen berücksichtigt werden?
- Welche Wettbewerber bieten bessere Leistungen an? Welche Verbesserungen/Verschlechterungen nehmen Kunden wahr?
- Wie schnell und kompetent werden gelegentlich auftretende Probleme gelöst? Wie gut funktioniert das Reklamationsmanagement?

Die mit Hilfe dieser Fragen gefundenen Kennzahlen helfen den Prozess *analytisch* und *steuernd* zu betrachten. Unter analytischen Gesichtspunkten ergeben sich Rückschlüsse auf die Rahmenbedingungen, unter denen die Prozesse stattfinden, die ein Prozesseigner verantwortet. Steuernde Kennzahlen ermöglichen hingegen, den Lauf eines einzelnen Prozesses (etwa eines Produktionsdurchlaufs oder eines Kundenauftrags) zu beobachten und bei Abweichungen vom Sollverhalten einzugreifen.[12]

Grundsätzlich haben KPI einen eher analytischen Charakter, da ein steuernder Eingriff bei einem Kunden, dessen Anforderungen nicht erfüllt wurden, nicht mehr möglich ist. *Process Performance Indicator*[13] sind hingegen eher steuernd. Letztlich hängt es von Parametern wie dem Zeitpunkt der Kennzahlenerhebung oder den zu einer Kennzahl festgelegten Eskalationsregeln ab, wie sie zu interpretieren sind.

Die Art und Weise, wie eine Kennzahl erhoben wird, bestimmt ihre Aussagekraft. Um Fehlinterpretationen zu vermeiden, sind Kennzahlen eindeutig zu definieren. Innerhalb einer Organisation hat die *Kennzahlendefinition* nach einem einheitlichen Schema zu erfolgen. Hierzu wird üblicherweise ein *Kennzahlensteckbrief* verwendet, wie er in Abb. 2.3 exemplarisch gezeigt wird. Dieser hat die folgenden Bestandteile:[14]

---

[11] Siehe auch Ahlrichs und Knuppertz (2006, S. 204, 205).

[12] Siehe hierzu (Lippold und Puhlmann 1988, S. 56).

[13] Diese werden im folgenden Abschn. 2.3 definiert.

[14] Für das Grundschema eines Kennzahlenbriefs siehe auch (Kütz 2009, S. 47).

Kennzahlensteckbrief			
Prozess		(1)	Allgemein
Bezeichnung der Kennzahl		(2)	
Beschreibung		(3)	
Kritischer Erfolgsfaktor		(4)	
Adressat		(5)	
	Zielwert	(6)	Eskalation
	Toleranzwert (obere/ untere Eingriffsgrenze)	(7)	
	Eskalationsregel	(8)	
	Verantwortlicher für Zielwert, Toleranzwert, Eskalationsregel und Gültigkeit	(9)	Überwachung
	Termin der nächsten Überprüfung der Kennzahlendefinition	(10)	
	Datenquellen	(11)	Messung
	Messverfahren	(12)	
	Messintervall	(13)	
	Verantwortlicher für Messverfahren	(14)	
	Berechnungsweg	(15)	Berechnung & Darstellung
	Darstellung	(16)	
	Darstellungs- und Reportingintervall	(17)	
	Verantwortlicher für Darstellung	(18)	

Abb. 2.3 Beispielhafter Kennzahlensteckbrief

1. Zu Beginn ist der Name des Prozesses anzugeben, dem die Kennzahl zugeordnet ist. In großen Organisationen wird es üblicherweise zu jedem Prozess auch eine eindeutige Referenznummer geben, die ebenfalls einzutragen ist.
2. Zu jeder zu erhebenden Kennzahl ist eine prägnante Bezeichnung anzugeben – oft gibt es im Controlling schon etablierte Begriffe.
3. Jede Kennzahl ist möglichst genau und erklärend zu beschreiben. Berechnungsvorschriften (also eine evtl. mathematische Definition) wird erst unter Punkt (15) eingetragen.

4. Das Erreichen des mit einer Kennzahl verbundenen Prozessziels ist bestimmt durch kritische Erfolgsfaktoren, die bekannt und benannt sein müssen.
5. Zu jeder Kennzahl muss es einen Adressaten geben, der den Kennzahlenwert überwacht und aus diesen Werten Handlungen ableitet. Der Adressat wird als Rolle, nicht als Person benannt.
6. Ein Zielwert legt die angestrebte Zielerreichung einer Kennzahl fest.
7. Um mit einer Kennzahl steuernd eingreifen zu können, sind Toleranzwerte für die untere bzw. obere Eingriffsgrenze so festzulegen, dass ein „rechtzeitiges" Eingreifen möglich ist.
8. Weicht der Kennzahlenistwert über die Toleranzgrenze vom Zielwert ab, so muss gemäß festgelegter Eskalationsregeln darauf reagiert werden.
9. Im Unternehmen muss es Verantwortliche für Zielwert, Toleranzwert, Eskalationsregel und den unter (10) genannten Termin der Gültigkeitsprüfung geben. Die Verantwortlichen werden als Rollen, nicht als Personen benannt.
10. Auch die Kennzahlendefinition selbst muss überprüft werden. Evtl. muss eine Kennzahl auch gar nicht weiter erhoben werden. Das Datum der nächsten Überprüfung ist festzuschreiben.
11. Die Datenquellen für die Kennzahlerhebung sind festzulegen.
12. Insbesondere, wenn die Erhebung von Hand erfolgt, ist das zu Grunde liegende Messverfahren zu beschreiben.
13. Zusätzlich ist das Messintervall zu definieren, in dem eine Kennzahl erhoben werden soll. Hierbei ist zu beachten, dass dieses Intervall bei analytischer Verwendung der Kennzahl groß genug sein muss, um repräsentative Daten zu sammeln. Soll die Kennzahl hingegen steuernd im Laufe eines einzelnen Prozesses (etwa eines Produktionsdurchlaufs oder eines Kundenauftrags) genutzt werden, muss das Messintervall kürzer gewählt sein, als ein typischer Prozessdurchlauf dauert.
14. Auch das Messverfahren ist zu hinterfragen und der Verantwortliche für das Messverfahren ist zu benennen.
15. Der Berechnungsweg definiert, wie die Kennzahl aus den Messergebnissen abgeleitet wird.
16. Ferner muss festgelegt werden, wie die Darstellung erfolgt.
17. Für die Kennzahl ist das Intervall festzulegen, in dem die Kennzahl für ein Reporting aufbereitet wird. Bei steuernden Kennzahlen kann es nötig sein, diese in einem *Process Cockpit System* zu visualisieren. Zumindest soll dies für diejenigen Kennzahlen erfolgen, deren Istwert stärker vom Zielwert abweicht, als es der Toleranzwert gestattet.
18. Auch der Verantwortliche für die Darstellung ist zu benennen.

Mit den in diesem Abschnitt dargestellten Methoden ist es möglich, Prozesse aus Sicht des angestrebten Ergebnisses zu betrachten und Kennzahlen zur Zielerreichung zu definieren. Mit dem Kennzahlensteckbrief wird ein Werkzeug dargestellt, durch das Kennzahlen klar definiert und einheitliche Regeln für deren Definition und Reporting festgelegt werden können. Auch im folgenden Abschnitt werden Kennzahlen verwendet – dort aber, um bei Bedarf steuernd einzugreifen.

2.3 Kritische Kennzahlen zur Prozesssteuerung identifizieren

Im Prozessmanagement reicht es nicht gemäß dem Motto „Wer heilt, hat Recht" den Nutzen eines Prozesses rein nach seinem Ergebnis zu beurteilen. Effizienz und Intensität eine Prozesses können so nicht bestimmt werden – hierfür ist vielmehr ein tiefgreifendes Verständnis des Prozessverlaufs nötig.

Der erste und wichtigste Schritt hierzu ist es sicherzustellen, dass Prozesse *überhaupt entsprechend vereinbarter Regeln verbindlich gelebt* werden. Passiert das nicht, ist eine organisierte Effizienzsteigerung über Prozessmanagement nicht möglich. Vielmehr drohen Prozesse dann an optimierten Strukturen vorbei wie gewohnt und damit ineffizient weiter zu laufen. Damit Prozesse verbindlich eingehalten werden, sind zwei Regeln zwingend zu befolgen:

1. Die Prozesseigner müssen ihre Prozesse *zusammen mit den Prozessbeteiligten* entwickeln.

   Prozesseigner sind *verantwortlich* für die Entwicklung der Prozessmodelle. Das heißt aber nicht, dass sie diese alleine festlegen. Vielmehr sollten sich Prozesseigner als Moderatoren verstehen, die zusammen mit den Prozessbeteiligten (und bei Prozessen über Abteilungsgrenzen hinweg auch mit den Prozessverantwortlichen) solche Prozesse entwickeln, die in der Praxis gelebt werden können. Hierzu bietet es sich an, Prozesse in zwei bis drei Workshops zu erarbeiten.[15] Ferner müssen Prozesseigner ein Forum schaffen, in dem die Prozessbeteiligten unkompliziert Kommentare und Ideen zum betroffenen Prozess einbringen können. In kleineren Einheiten kann etwa ein Ausdruck des Prozesses zusammen mit Heftzetteln und Stift neben die Kaffeemaschine gehängt werden. In großen Organisationen können Internetforen zum Einsatz kommen.
2. Die Struktur des Prozesses ist aus den Prozesszielen abzuleiten und die Zielerreichung ist zu messen.

   Während das Prozessergebnis aus einem Kundenbedürfnis abzuleiten ist und mit Hilfe von KPI gemessen wird, sind auch für die Prozessdurchführung Ziele zu formulieren. Der Prozess ist dann so zu gestalten, dass diese Ziele auch erreicht werden. Hierzu sind für deren *kritische Erfolgsfaktoren* Kennzahlen abzuleiten, mit denen, während der Prozess läuft, gemessen werden kann, ob die Prozessziele noch erreicht werden können. Erst danach ist der Prozess zu gestalten. Hierbei müssen qualitätssichernde Schritte im Prozess verankert werden, die ein steuerndes, evtl. korrigierendes Eingreifen in den Prozess ermöglichen.

[15] Bei komplexen und über viele betriebliche Funktionen verteilten Prozessen sind möglicherweise mehr Workshops oder andere Methoden, etwa eine strukturierte Befragung, notwendig.

Damit ergibt sich die Notwendigkeit, die Prozessdurchführung als solche zu messen. Hierzu verwendet man Process Performance Indicator:[16]

Definition: Process Performance Indicator
Ein *Process Performance Indicator (PPI)* misst die Einflüsse, die auf die Leistungsfähigkeit eines Prozesses wirken und hat primär interne Auswirkungen. PPI können vom Kunden wahrgenommen werden, wenn von ihnen eine *sekundäre* Wirkung auf Ergebniskenngrößen ausgeht oder wenn Informationen über die Einflüsse an den Kunden gelangen.

PPI messen also die Leistungserbringung selbst sowie ihre Auswirkungen auf die Organisation. Wenn sie den Status kritischer Erfolgsfaktoren abbilden, ermöglichen sie ein strukturiertes, steuerndes Eingreifen in Prozessverläufe und tragen so zur *Effizienz* bei. Aggregiert man PPI, dann haben sie analytischen Charakter.

Ebenso wie für KPI ist auch für PPI ein Kennzahlensteckbrief zu erstellen, wobei auch für PPI das Beispiel aus Abb. 2.3 verwendet werden kann.

KPI und PPI werden in Bezug auf einen Prozess gemeinsam gesucht. Dabei hängt es vom *Reifegrad* eines Prozesses ab, welche und wie viele Kennzahlen überhaupt erhoben werden. Weder dürfen es zu viele sein (Prozesseigner können kaum mehr als drei Kennzahlen auf einmal beachten und interpretieren), noch sollten etwa analytische Kennzahlen für bereits effektive Prozesse erhoben werden. Eine regelmäßige Überprüfung der Prozesskennzahlen ermöglicht es Unternehmen auf eine sich verändernde Umwelt zu reagieren. So können Kennzahlen auch überflüssig werden – sie sollten dann auch nicht mehr erhoben werden. Damit sind in Bezug auf Prozesskennzahlen die folgenden Aktivitäten in der genannten Reihenfolge zu durchlaufen:

1. Prozessziele (sowohl aus Kundensicht als auch hinsichtlich der Prozessdurchführung) definieren
2. Kritische Erfolgsfaktoren zur Zielerreichung ermitteln
3. Kennzahlen aus den Prozesszielen und den kritischen Erfolgsfaktoren ableiten
4. Geeignete Kennzahlen auswählen und im Kennzahlensteckbrief definieren
5. Kennzahlen im Kennzahlensystem implementieren
6. Kennzahlenauswahl regelmäßig überprüfen und ggf. anpassen

Kennzahlen sind strukturiert aus den Prozesszielen und kritischen Erfolgsfaktoren herzuleiten. Grundlage hierfür sind Kennzahlensysteme, die Kennzahlen nach unterschiedlichen Dimensionen klassifizieren.[17] Das Schema aus Abb. 2.4 kann hierzu wie folgt verwendet werden: Abgeleitet aus den Prozesszielen und den kritischen Erfolgsfaktoren

[16] In Anlehnung an (Ahlrichs und Knuppertz 2006, S. 146ff).

[17] Solche Schemata findet man etwa bei Schreyer (2007, S. 77) oder Fischermanns (2006, S. 146).

Dimension	Kennzahlen zur Messung innerhalb der Dimension
Zeit	*Prozessdurchlaufzeit; Prozesszeit/Bearbeitungszeit; Transportzeit; Rüstzeit; Liegezeit; Engpasskennzahlen; Produktivität; Liefergeschwindigkeit; Arbeitseffektivität; Ressourcenauslastung; Schulungszeiten*
Qualität	*Produkt Performance; Verlässlichkeit; „once-and-done"-Quote; Lieferzuverlässigkeit; Standardisierungsquote; Automatisierungsgrad von Prüfvorgängen; Fehlerquote; „First Pass Yield"; Produktinnovation; Innovationsfähigkeit; Quote Verbesserungsvorschläge*
Flexibilität	*Fertigungseffektivität; Ressourcenauslastung; Mengenflexibilität; Produktneueinführung; geplantes künftiges Wachstum; Produktinnovation; Prozessinnovation; Einsparungen durch Informationssysteme*
Prozesskosten	*Marktanteil; Prozesskosten insgesamt; Overheadkostenreduktion; Bestandsperformance; Personalkosten; Kosten der Personalrekrutierung; Kosten für Qualifikation; differenzierte Entlohnung; Produktkostenreduzierung; Sachmittelkosten; Transportkosten*
Kunden-zufriedenheit	*Marktanteil; Innovation; Image; Lieferzuverlässigkeit; Service; Wettbewerbsfähigkeit; Kundenintegration; Flexibilität; konstante Ansprechpartner; kompetente Ansprechpartner; Weiterempfehlungsrate; Kundentreueindex; Cross-Buying-Bereitschaft*
Mitarbeiter-zufriedenheit	*Fehltage; Fehlerrate; Kündigungsrate; Mitarbeiterfluktuation; Attraktive Aufgaben; Einsatz nach Neigung; Verantwortung; Abwechslung; Lernen; Qualität der Arbeit; Arbeitseffektivität; Produktivität; Mitarbeiterinvolvierung*

Abb. 2.4 Kennzahlenschema, um KPI und PPI strukturiert aus Prozesszielen und kritischen Erfolgsfaktoren abzuleiten

werden zunächst die für die Prozesssteuerung relevanten Dimensionen bestimmt. In einem nächsten Schritt werden die spezifischen Kennzahlen ausgewählt, für die die höchste Aussagekraft hinsichtlich Analyse und Steuerung gesehen wird. Diese sind dann im Kennzahlensteckbrief zu definieren.

Solche Klassifikationsschemata lassen bewusst Interpretationsspielräume und geben doch Orientierung, um zum Prozess und zum Unternehmen passende Prozesskennzahlen zu finden.

Damit es nicht bei der Dokumentation der Kennzahlen in Kennzahlensteckbriefen bleibt, müssen diese in einem *Kennzahlensystem* implementiert werden. An definierten *Kontrollpunkten* werden im Prozess Messungen vorgenommen, aufbereitet und reportet. Im Falle analytischer Kennzahlen werden die Einzelmessungen aggregiert, um eine Aussage hinsichtlich der Rahmenbedingungen treffen zu können. Im Fall von steuernden Kennzahlen muss zumindest bei Überschreiten der Toleranzgrenzen ein steuernder Eingriff in den Prozessverlauf ausgelöst werden. Für beide Arten von Kennzahlen sind entsprechende Regeln aufzustellen, gegebenenfalls unterstützende Informationssysteme zu implementieren. In geeigneten Routinen (etwa Teambesprechung oder monatlicher Report des Controlling) sind Prozesskennzahlen zu besprechen und vor allen Dingen Konsequenzen aus diesen zu ziehen.

Darüber hinaus sind die Kontrollpunkte ein Instrument, um aus Sicht eines Risikomanagements an kritischen Punkten im Prozessverlauf ein rechtskonformes Verhalten sicherzustellen. Methoden und Werkzeuge des Prozessmanagements können dann genutzt werden, um in Unternehmen *Compliance Management Systeme* zu etablieren.

2.4 Steuernde Ereignisse identifizieren und würdigen

Prozesse haben eine innere Struktur. Sie bestehen aus *Ereignissen* und *Aktivitäten*. Innerhalb der Aktivitäten *entsteht die Leistung*, durch die ein Prozess Wertschöpfung generiert. Ereignisse *steuern* die Prozessausführung.

Abstrakt gesprochen tritt ein *Ereignis* ein, wenn sich eine Veränderung beobachten lässt. Es dient als Auslöser oder ist das Ergebnis eines Ablaufs.[18] Daher findet man Ereignisse *am Anfang* eines Prozesses, durch die er ausgelöst wird, *vor jeder anderen Aktivität*, so dass diese veranlasst wird sowie *am Ende* eines Prozesses bei der Übergabe des Prozessergebnisses an einen Kunden oder nachfolgenden Prozess.

Beginnend mit den Ereignissen sollen die wichtigsten Symbole bei der Modellierung von Prozessen an den derzeit am weitesten verbreiteten Sprachen für das Prozessmanagement, den *Ereignisgesteuerten Prozessketten (EPK)*[19] und der *Business Process Modeling Notation (BPMN)*[20] erklärt werden. EPKs haben eine weite Verbreitung im deutschsprachigen Raum bei der Einführung betriebswirtschaftlicher Standardsoftware. Die BPMN wiederum wird insbesondere dann verwendet, wenn Prozessmodelle in Modelle für die Informatik überführt werden müssen.[21]

Abbildung 2.5 zeigt das Symbol für Ereignisse in EPK. Die konkrete Bedeutung wird dabei als Text in das Symbol hinein geschrieben.

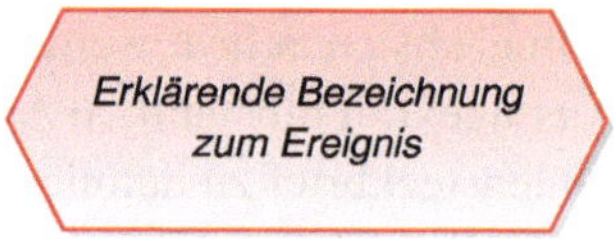

Abb. 2.5 Darstellung von Ereignissen in EPKs

[18] Im Sinne von Österle (1995, S. 51).

[19] Diese gehen auf die Arbeiten von Keller et al. (1992) zurück. Bei ihnen sind Ereignisse sogar namensgebend.

[20] Nach Allweyer (2009, S. 10) wurde die erste Version der BPMN von einem Konsortium unter Federführung der IBM entwickelt und wird zwischenzeitlich von der Object Management Group (OMG) standardisiert.

[21] So betreibt die OMG auch die Standardisierung der Unified Modeling Language (UML), die in der Informatik zur Beschreibung von Software verwendet wird.

	Start			*Zwischen*				*Ende*
	Standard	*Ereignis-Teilprozess Unterbrechend*	*Ereignis-Teilprozess Nicht-unterbrechend*	*Eingetreten*	*Angeheftet unterbrechend*	*Angeheftet Nicht-unterbrechend*	*Ausgelöst*	*Standard*
Blanko: *Untypisierte Ereignisse, i. d. R. am Start oder Ende eines Prozesses*								
Nachricht: *Empfang und Versand von Nachrichten*								
Timer: *Periodische zeitliche Ereignisse, Zeitpunkte oder Zeitspannen*								
Eskalation: *Meldung an den nächsthöheren Verantwortlichen*								
Bedingung: *Reaktion auf veränderte Bedingungen und Bezug auf Geschäftsregeln*								
Link: *Zwei zusammengehörige Link-Ereignisse repräsentieren einen Sequenzfluss*								
Fehler: *Auslösen und behandeln von definierten Fehlern*								
Abbruch: *Reaktion auf abgebrochene Transaktionen oder Auslösen von Abbrüchen*								
Kompensation: *Behandeln oder Auslösen einer Kompensation*								
Signal: *Signal über mehrere Prozesse. Auf ein Signal kann mehrfach reagiert werden*								
Mehrfach: *Eintreten eines von mehreren Ereignissen. Auslösen aller Ereignisse*								
Mehrfach/Parallel: *Eintreten aller Ereignisse*								
Terminierung: *Löst die sofortige Beendigung des Prozesses aus*								

Abb. 2.6 Darstellung von Ereignissen in der BPMN (vgl. BPMB (2011))

In der BPMN gibt es, wie in Abb. 2.6 gezeigt, eine Vielzahl von Symbolen für die verschiedenen Ereignisarten.[22] Modellierern und Lesern verlangt dies ein hohes De-

[22]Eine Übersicht der Symbole der BPMN stellt die Berliner BPM-Offensive als Poster unter http://www.bpmb.de/index.php/Hauptseite zur Verfügung.

tailwissen ab. Man merkt der BPMN an, dass sie stark von der Informatik geprägt ist. Prozesseigner jenseits der Informatik werden die Symbole wohl nur teilweise nutzen.

Ob es nur ein Symbol oder eine Vielzahl gibt, ist letztlich eine Frage des Geschmacks. Allerdings ist zu erwarten, dass Prozesseigner, deren Hauptaufgabe nicht das Modellieren von Prozessen ist, eine eingeschränkte Symbolik schneller erlernen und anwenden können. Vor allen Dingen ermöglicht diese eine höhere Konzentration auf das hinter einem Ereignissymbol stehende Problem: *Dafür zu sorgen, dass die verantwortlichen Mitarbeiter auch tatsächlich aktiv werden, wenn ein Ereignis eintritt.* Hierzu sind die Ereignisse klar und leicht verständlich zu benennen. Was bei einem Ereignis passiert, muss auf einen Blick aus dem Modell heraus erkannt werden können. Mit welcher Modellierungssprache dieses Ziel besser erreicht wird, hängt vom jeweiligen Unternehmen und dem über das Verstehen hinausgehenden Modellierungszweck ab.

Das *Startereignis*, das aufzeigt, dass ein Prozess beginnen soll, ist von besonderer Bedeutung. Ist dieses nicht klar erkannt und nicht richtig im Unternehmen verankert, wird eine Geschäftschance verpasst – sei es eine unbeachtete Kundenanfrage, eine nicht erbrachte Serviceleistung oder ein Kundenproblem, das in keiner Produktentwicklung mündet.

Im Sinne einer verbindlichen Umsetzung von Prozessen ist den Ereignissen damit besondere Aufmerksamkeit zu schenken. Insbesondere ist zu klären, welche Mitarbeiter das Erkennen von Ereignissen verantworten bzw. für welche Ereignisse das Auslösen von Aktivitäten durch den Einsatz von Informationstechnik automatisiert werden kann. Oftmals bedeutet das Eintreten eines Ereignisses, dass Informationen weiterzugeben sind. Manchmal ist dies nur die Aufforderung, aktiv zu werden, manchmal liefert das Ereignis selbst weitere Informationen.

Gerade dann, wenn die Aktivitäten, aus denen Prozesse ihre Wertschöpfung generieren, nur schwer definiert werden können, sind Ereignisse für die Ausgestaltung von Prozessen von zentraler Bedeutung. Wenn etwa in der Produktentwicklung oder im Innovationsmanagement Prozesse um hoch kreative und nicht formalisierbare Aktivitäten herum gestaltet werden, sind es gerade die Ereignisse, die die Prozesse steuerbar machen.[23]

2.5 Prozessschritte zuordnen und Prozess implementieren

Während Ereignisse den Lauf der Prozesse steuern, erfolgt die *eigentliche Ausführung* über eine Folge von *Aktivitäten*. Die Genauigkeit, mit der sie beschrieben werden, variiert abhängig vom Anwendungszweck:

---

[23] Siehe hierzu auch (Pöppl 2011).

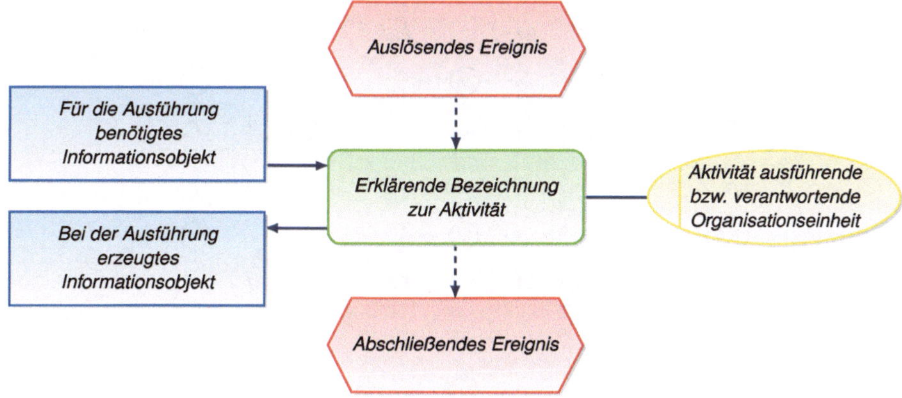

Abb. 2.7 Aktivitäten in EPKs mit zugeordneter Organisationseinheit, Informationsfluss und Ereignissen

- Richtet sich das Modell eines Prozesses an qualifiziert ausgebildete Prozessmitarbeiter, so ist eine prägnante Beschreibung ausreichend.
- Richtet sich das Modell an Prozessmitarbeiter, die die beschriebene Aktivität selten ausführen, so müssen die Aktivitäten präzise als Handlungsanleitung formuliert sein.
- Wird ein Prozess modelliert, um ihn mit Hilfe von Informationstechnik zu automatisieren, sind die Aktivitäten sogar mathematisch präzise zu definieren.

Je Aktivität ist zu klären, wer sie auszuführt. In EPK werden Aktivitäten, die *Funktionen* genannt werden, wie in Abb. 2.7 dargestellt und einer *Organisationseinheit* zugeordnet. Ferner gibt es in einer *Erweiterung der EPK* auch ein Symbol für *Informationsobjekte*. Durch dieses lässt sich das Weitergeben von Informationen veranschaulichen.

Ferner zeigt Abb. 2.7 die Verknüpfung von Aktivitäten und Ereignissen über gestrichelte Pfeile. Auslösende Ereignisse stehen vor Aktivitäten. Ereignisse hinter Aktivitäten zeigen an, dass diese abgeschlossen sind.

Da Prozesse für eine Klasse gleichartiger Abläufe in Unternehmen definiert werden, müssen sie *alternative Handlungspfade* ermöglichen. Auch sollten Prozesse so gestaltet werden, dass Aktivitäten möglichst *parallel* ausgeführt werden, um die vom Kunden wahrgenommene Prozessdurchlaufzeit noch unter die Bearbeitungszeit zu senken.

In EPKs nutzt man die in Abb. 2.8 gezeigten Konnektoren, um die Prozesse zu strukturieren.[24] Diese sind wie folgt zu interpretieren:[25]

(1)–(3) F kann passieren, wenn (1) $E1$ und $E2$ eintreten, (2) $E1$ oder $E2$ oder beide eintreten bzw. (3) entweder $E1$ oder $E2$ eintreten.

[24]Siehe hierzu auch Staud (2006, S. 81–105).

[25]Das Zeichen $\wedge$ kennzeichnet dabei eine parallele Bearbeitung, $\vee$ kennzeichnet eine Alternative und $\veebar$ eine exklusive Alternative, es kann also entweder die eine oder die andere Alternative eintreten, nicht aber beide.

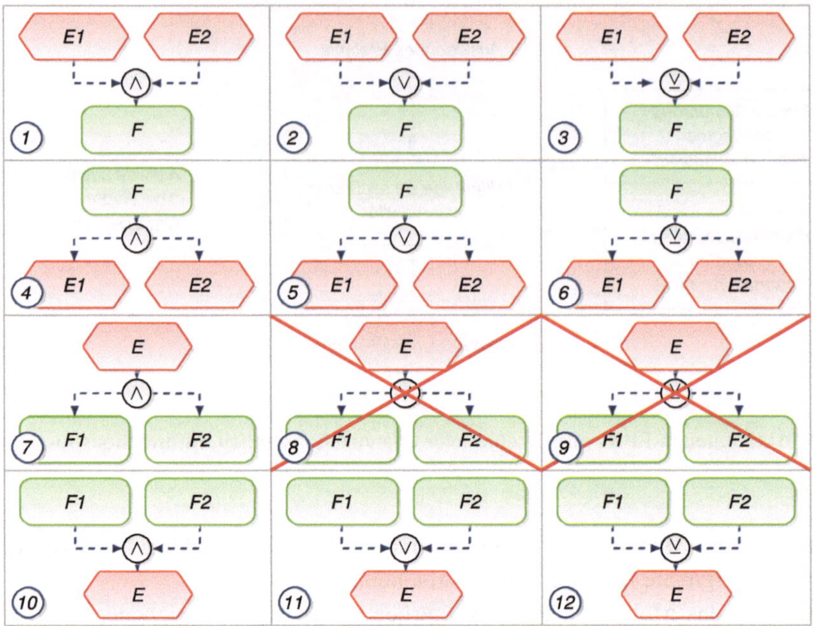

Abb. 2.8 Konnektoren strukturieren den Prozessablauf in EPK

(4)–(6) Wenn F passiert ist, treten (4) $E1$ und $E2$, (5) $E1$ oder $E2$ oder beide ein bzw. (6) tritt entweder $E1$ oder $E2$ ein.

(7) Nach Eintreten von E sollen $F1$ und $F2$ passieren.

(8)–(9) Diese Situationen sind nicht erlaubt, da $F1$ und $F2$ nicht entscheiden können, welche der Aktivitäten passieren soll.

(10)–(12) Das Eintreten von E zeigt an, dass (10) $F1$ und $F2$ passiert sind, (11) $F1$ oder $F2$ oder beide passiert sind bzw. (12) entweder $F1$ oder $F2$ passiert ist.

Schließlich gibt es in Ereignisgesteuerten Prozessketten noch Symbole für die Verknüpfung von Prozessen untereinander. Diese *Prozesswegweiser* bewirken, dass ein verknüpfter Prozess in den „aufrufenden" Prozess eingebettet wir. Abbildung 2.9 veranschaulicht diesen Gedanken.

Ebenso wie bei Ereignissen gibt es in der BPMN auch für *Aktivitäten* und ihre Verknüpfung eine Vielzahl von Symbolen, die in Abb. 2.10 dargestellt sind.[26] *Markierungen* ergänzen die Grundsymbole für Aktivitäten um Angaben zur Ausführungsart, insbesondere bei untergeordneten Teilprozessen. *Aufgabentypen* hingegen ergänzen die Aktivitäten visuell um Informationen zur Art der Aktivität. Diese Ergänzungen müssen nicht zwingend genutzt werden.

[26] Siehe ebenso BPMB (2011).

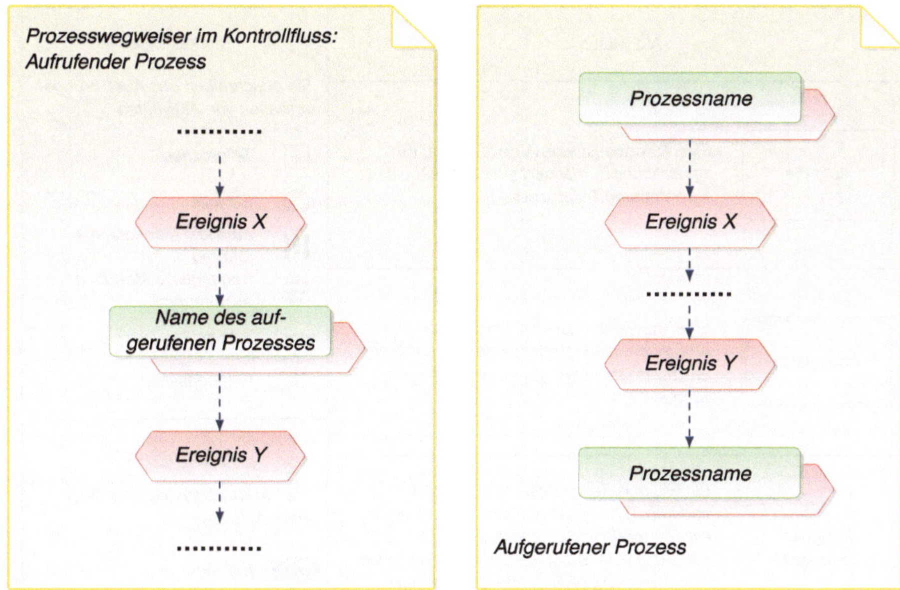

Abb. 2.9 Einbettung von Teilprozessen über Prozesswegweiser gemäß Staud (2006, S. 113)

Die Methode, wie Verantwortlichkeiten in der BPMN dargestellt werden, unterscheidet sich grundsätzlich von der bei EPK. Statt eines eigenen Symbols werden hier die Aktivitäten wie in einer Tabelle angeordnet, wobei alle Aktivitäten einer Organisationseinheit in einer Zeile (bei horizontaler Ausrichtung) oder Spalte (bei vertikaler Ausrichtung) dargestellt werden. Da diese durch Linien optisch voneinander getrennt sind, scheinen sie wie in Schwimmbahnen (engl. *swimlanes*) angeordnet zu sein. Wie in Abb. 2.11 gezeigt, ermöglicht dies den Prozessmitarbeitern die von ihnen verantworteten Aktivitäten schnell zu überblicken.

Letztlich ist es wohl eine Frage des Geschmacks bzw. existierender Vorkenntnisse, welche Modellierungssprache bevorzugt wird.

Überraschend ist, dass den Aktivitäten in der Literatur eine größere Bedeutung zugesprochen wird als den Ereignissen.[27] Ziel dieses Kapitels ist es daher, gerade den Nutzen der Ereignisse herauszuarbeiten – etwa zur Beschreibung der *Geschäftslogik* für mitdenkende Mitarbeiter.

Für die Konkretisierung der Prozesse sollten die in Abb. 2.12 gezeigten Kernelemente von Prozessbeschreibungen genutzt werden.[28] Auch hier wird die Rolle der auslösenden Ereignisse für den Gesamtprozess und die jeweiligen Prozessschritte deutlich. Und auch hier sind Messgrößen für Input, Performanz und Output zu definieren und steuernd bzw. analytisch zu verwenden. Deutlich sind die beteiligten Akteure zu benennen. Dies sind

[27] Staud (2006, S. 5ff) stellt eine Vielzahl entsprechender Definitionen zusammen.

[28] Siehe auch (Ahlrichs und Knuppertz 2010, S. 14).

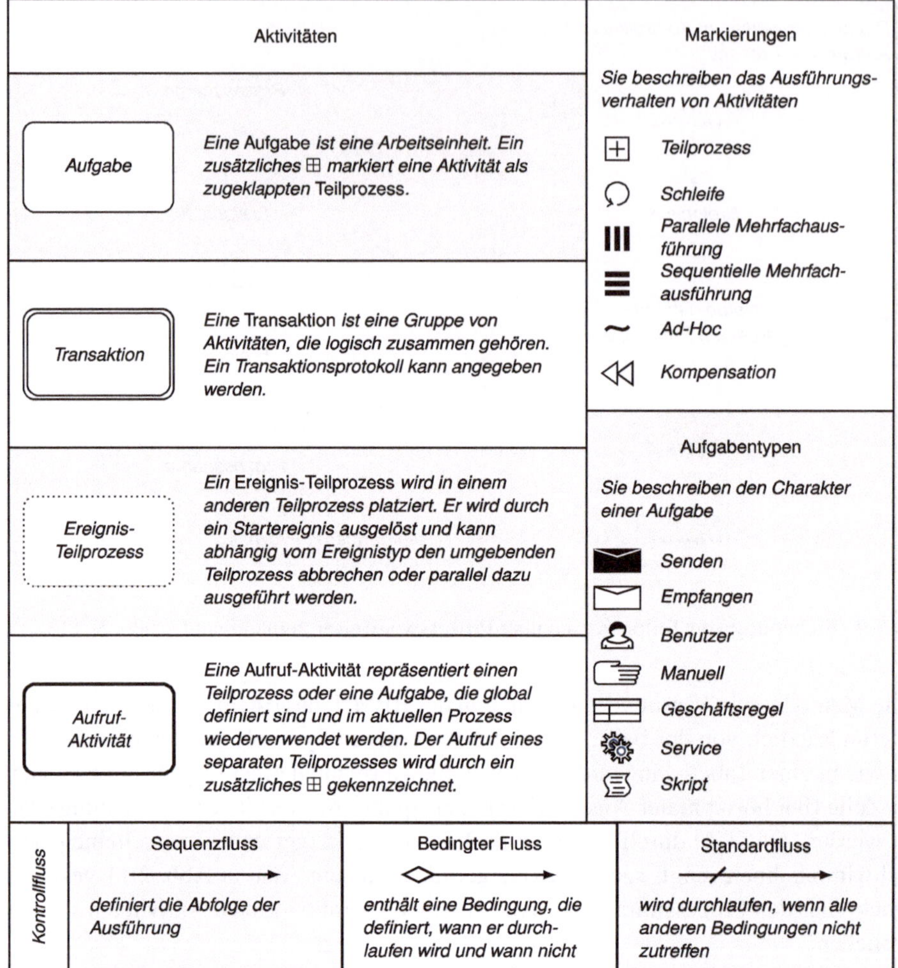

Abb. 2.10 Aktivitäten und ihre Verknüpfung in der BPMN (vgl. BPMB (2011))

neben dem Prozesseigner, den Prozessmitarbeitern und den Prozesskunden auch die Lieferanten des Inputs.

Schließlich ist auf das verwendete Informationssystem ein besonderes Augenmerk zu lenken. Integrierte Managementsysteme dienen als zentrale Dokumentationsplattform für die Themen Qualität, Umwelt und Arbeitsschutz.[29] Hierbei ist zu beachten, dass diese Dokumentation nicht parallel und entkoppelt von den tatsächlichen Abläufen im Unternehmen erfolgen darf. Vielmehr sollte versucht werden, sie aktiv in die betrieblichen Abläufe einzubetten.

[29] Siehe hierzu (Liesegang und Pischon 1999).

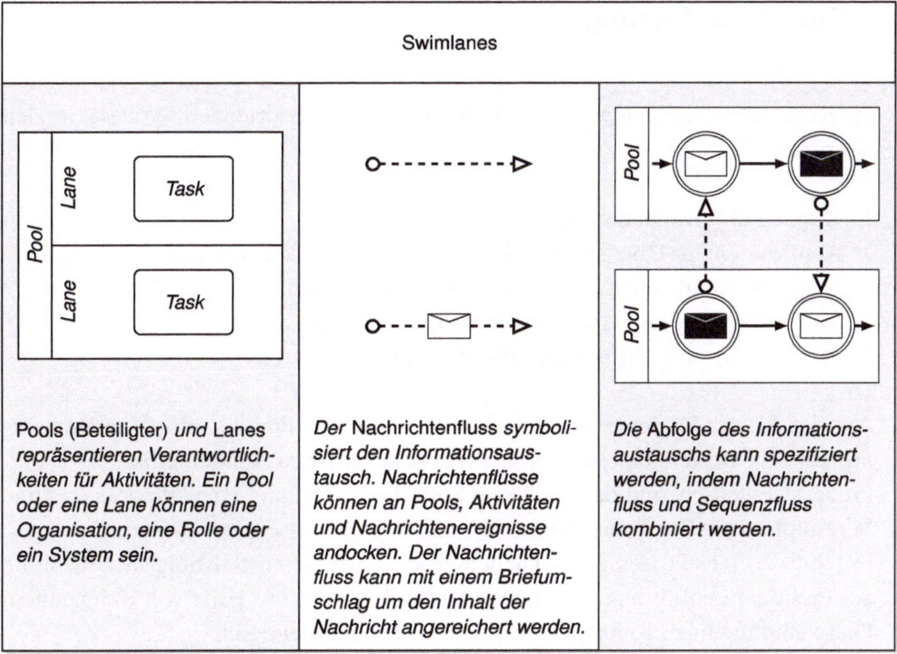

Abb. 2.11 Swimlanes definieren in der BPMN Verantwortlichkeiten (vgl. BPMB (2011))

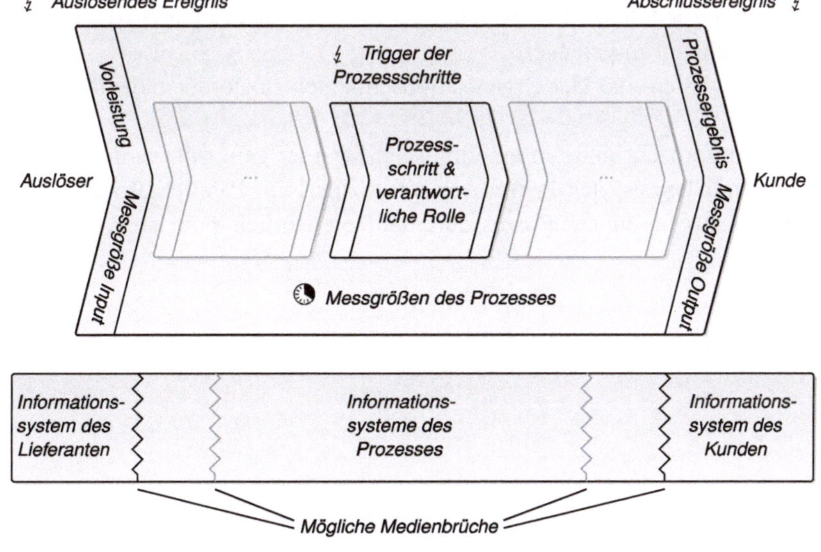

Abb. 2.12 Kernelemente von Prozessbeschreibungen

2.6 Zusammenfassung

- Prozesseigner bearbeiten den von ihnen zu verantwortenden Prozess in den Schritten

  1. Kunden und Kundennutzen bestimmen
  2. Kennzahlen zur Überprüfung der Prozessergebnisse festlegen
  3. Kritische Kennzahlen zur Prozesssteuerung identifizieren
  4. Steuernde Ereignisse identifizieren und würdigen
  5. Prozessschritte zuordnen und Prozess implementieren

- Aus der Art des Prozesses (primärer bzw. sekundärer Prozess oder Managementprozess) ergibt sich, ob es einen internen oder externen Kunden gibt.
- Prozesslandkarten sind das Werkzeug, um die Einbettung eines Prozesses, seine Verknüpfung zu den Kunden bzw. mit anderen Prozessen darzustellen.
- Ergebnisse eines Prozesses sind neben Produkt oder Dienstleistung auch die Güte der Prozessdurchführung. Zu messen ist das Ergebnis mit Hilfe von Kennzahlen. Diese sind in einem Kennzahlensteckbrief zu dokumentieren.
- Prozesskennzahlen sind strukturiert aus den Prozesszielen abzuleiten. Bei steuernden Kennzahlen sind an Kontrollpunkten Eskalationsmaßnahmen vorzusehen. Insbesondere lässt sich hierdurch ein regelkonformes Verhalten im Sinne eines Compliance Management sicherzustellen.
- Im Kern bestehen Prozessbeschreibungen aus Ereignissen und Aktivitäten. Die Ereignisse beschreiben die Steuerung des Prozesses, die Aktivitäten die eigentliche Leistungserstellung. Insbesondere das Startereignis ist klar zu definieren und im Unternehmen zu verankern.
- Allen Aktivitäten sind klar Organisationseinheiten zuzuordnen, die diese verantworten.
- Der Gesamtprozess muss in eine logische Struktur gebracht werden. Alternativen ermöglichen es, den Prozessverlauf anzupassen. Parallelität kann die vom Kunden wahrgenommene Prozessdurchlaufzeit deutlich reduzieren.

Der Fall FULLSERVICE-STRUKTURBETRIEB 3

Wird die Leistung eines Unternehmens vorrangig in Umsatzzahlen und Gewinn dargestellt und bewertet, sind Leistung und Qualität von Prozessen kaum zu messen und daher auch nicht systematisch zu steigern. Ergebnisfixierung ist häufiger Grund für ein Verhalten, bei dem persönliche Ziele über Prozesszielen stehen. Dabei wäre es zweckmäßiger, die persönlichen Ziele mittels Zielvereinbarungen zugunsten abteilungsübergreifender Effektivität, Effizienz und Verbindlichkeit nachzujustieren.

Die folgende Fallstudie greift eine Situation mitten aus dem Leben auf, so wie sie in Unternehmen überall auf der Welt wohl täglich zu beobachten ist. Sie soll als Beispiel dienen, um die zuvor vorgestellten Prozessmanagement-Methoden praktisch zu veranschaulichen.

3.1 Ausgangssituation

Herr Moser, Kunde (*Quelle*: Monkey Business Images/ Shutterstock.com)

Die FULLSERVICE-STRUKTURBETRIEB ist professioneller Betreiber komplexer Infrastrukturen, wie sie etwa in der chemischen Industrie benötigt werden. Das Leistungsportfolio umfasst im Wesentlichen Ver- und Entsorgungsleistungen, Leistungen rund um Umwelt, Sicherheit und Gesundheit sowie Facilitymanagement.

Der Geschäftsführer der FULLSERVICE- STRUKTURBETRIEB, Herr Kopf, hatte allen Grund sich zu ärgern. Ein langjähriger Geschäftspartner, Herr Moser, Haupteigentümer eines mittelständischen, sehr profitablen Chemieunternehmens, hatte ihn auf dem Golfplatz angesprochen. Vor etlichen Monaten hatte er während einer internationalen Chemiemesse bei der FULLSERVICE-STRUKTURBETRIEB ein Angebot für diverse Dienstleistungen an einem neuen Standort der

C. Simon, B. Hientzsch, *Prozesseigner*, Xpert.press,
DOI 10.1007/978-3-658-06460-0_3

FULLSERVICE-STRUKTURBETRIEB angefragt. Doch dann hatte er wochenlang zunächst nichts gehört. Erst als ein Mitarbeiter von Herrn Moser beim neuen Projektmanager von FULLSERVICE-STRUKTURBETRIEB, einem ehemaligen Studienkollegen, nachgefragt hatte, kam Schwung in die Sache und der Auftrag wurde schnell erteilt. Der junge Mann zeigte Einsatz. Doch dann waren die angefragten Leistungen zum vereinbarten Zeitpunkt nicht vollständig verfügbar, wodurch sich der Produktionsstart der neuen Anlage in Teilen verzögert hatte.

Herr Kopf, Geschäftsführer FULLSERVICE-STRUKTURBETRIEB (*Quelle*: Voronin76/Shutterstock.com)

Da aber beide Firmen gemeinsam sehr erfolgreich am Markt agieren und sich ihre Leistungen bisher sehr gut ergänzt haben, sah Herr Moser bislang von einer offenen Konfrontation ab. Doch wie die schlecht informierten Techniker vor Ort agierten und dabei ganz offensichtlich von falschen Voraussetzungen ausgingen, warf ein schlechtes Licht auf FULLSERVICE-STRUKTURBETRIEB. Und die vermeidbaren Stillstände und Verzögerungen in der Produktion bedeuteten einen finanziellen Schaden. Darüber ärgerte sich Herr Moser so sehr, dass er persönlich mit Herrn Kopf das Gespräch unter Golfpartnern suchte. Normalerweise vermied er es, beim Golfspiel über Geschäfte zu sprechen. Doch bei diesem Gespräch stellte er sogar die Geschäftsbeziehung selbst in Frage.

Herr Kopf war äußerst betroffen und überlegte sich noch am selben Abend, wie es dazu kommen konnte. Bisher ging er davon aus, dass Kundenbetreuung und Auftragsabwicklung in seiner Firma bestens organisiert seien und reibungslos abliefen. Zur Unterstützung hatte er vor einigen Monaten sogar noch einen Manager für neue Projekte eingestellt.

Was war dieses mal anders als sonst? Herr Moser hatte nicht wie üblich direkt den ihm zugeordneten Accountmanager angesprochen, sondern auf einer Messe sein Anliegen dargelegt und um ein Angebot gebeten. Herr Kopf nahm sich vor, am nächsten Tag alle zum Vorgang gehörenden Unterlagen zu sichten und mit seinen Mitarbeitern zu reden. Gerade bei diesem Kunden wollte er wissen, warum es zu der für den Kunden mit Verlusten verbundenen Verkettung von Fehlern kommen konnte.

Seine Assistenz, Frau Schreiber, besorgte ihm am folgenden Tag sehr schnell alle angeforderten Unterlagen. Er staunte nicht schlecht, denn das Angebot hatte er selbst unterschrieben! Dabei kam ihm die Leistungsbeschreibung jetzt für Dienstleistungen an einem neuen Standort zu unpräzise und riskant vor. Offensichtlich war das Angebot ohne die nötigen und auch üblichen Ermittlungen der Kundenanforderungen erstellt und versandt worden. Die zu erbringenden Leistungen waren zu diesem Zeitpunkt wohl nicht verstanden und mit den Leistungserstellern abgestimmt worden.

3.1.1 Eine Reihe von Gesprächen

Ein Gespräch mit der Leiterin Marketing & Vertrieb, Frau Schnell, sollte als erstes stattfinden. Das Gespräch warf aber nur noch mehr Fragen auf als Klarheit zu schaffen. Herrn Kopf wurde klar, dass dringender Handlungsbedarf bestand, um die tatsächlichen und vorgesehenen Abläufe im Unternehmen zu analysieren und zu verbessern. Konnte er dieses Problem alleine lösen? Wer aus dem Unternehmen konnte und sollte zur Lösung beitragen? Schließlich hielt er sein Unternehmen ja für eine lernende, prozessorientierte Organisation. Er nahm sich vor, sich persönlich darum zu kümmern und bat seine Assistentin Frau Schreiber für ihn Termine mit den beteiligten Kollegen zu vereinbaren.

3.1.2 Gespräch mit Frau Schnell (Leiterin Vertrieb)

Frau Schnell, Leiterin Marketing & Vertrieb (*Quelle*: kurhan/Shutterstock.com)

Von Frau Schnell erfuhr Herr Kopf, dass das Angebot ohne Beteiligung des Vertriebs zustande gekommen war. Sie kritisierte auch gleich die aus ihrer Sicht nicht zielführenden parallelen Abläufe bei neuen Projekten. Zum einen solle sich der Vertrieb mit seinen Accountmanagern um alle Kundenkontakte und Angebote kümmern, zum anderen solle auch der Manager für neue Projekte eingebunden werden. Zu entscheiden, in wessen Aufgabengebiet eine Anfrage gehöre, gestalte sich im Alltag schwierig und würde nur verzögernd wirken.

Im konkreten Fall hatte Frau Schnell das Angebot erst auf den Tisch bekommen, als es schon längst vom Kunden akzeptiert worden war. Ohne ihr Zutun war das Angebot ohne ausreichende Analyse des Risikopotenzials herausgegeben worden. Man konnte froh sein, dass Herr Moser keine Regressansprüche stellen wollte, da er ein langjähriger Kunde war.

Auf der anderen Seite musste sie dem beherzten Vorgehen des Managers für neue Projekte schon Respekt zollen. Ohne sein Zutun hätte man den Kunden evtl. verloren. Und da die Anlagen des Kunden jetzt liefen, würden sich die Wogen sicherlich auch bald wieder glätten.

Nach dem Gespräch fragte sich Herr Kopf, ob sich noch mehr Mitarbeiter damit zufrieden gaben, wenn ihnen Zufall und Glück beim Bearbeiten von Kundenaufträgen halfen?

3.1.3 Gespräch mit Frau Schreiber (Assistenz der Geschäftsführung)

Frau Schreiber, Assistenz (*Quelle*: Oleg Golovnev/ Shutterstock.com)

Der Stapel der Messekontakte wurde nach der Messe auf Frau Schreibers Tisch deponiert und schließlich von ihr vorsortiert. Die Notiz vom Gespräch mit Herrn Moser stellte ihrer Einschätzung nach eher eine wenig erfolgversprechende Anfrage dar und wurde zur weiteren Bearbeitung nicht an den Accountmanager weitergereicht. Vielmehr sollte der Auszubildende die Daten noch im CRM-System[1] erfassen und dann abheften. Dieser verstand die Anfrage erst recht nicht und kannte auch Herrn Moser nicht. Somit schätzte er die Wichtigkeit der Notiz des Kundenkontakts völlig falsch ein. Er wollte sie erst nach seinem Urlaub ins CRM einpflegen, wozu es dann aber nicht mehr kam.

3.1.4 Gespräch mit Herrn Tüftler (Manager Neue Projekte)

Herr Tüftler, Projektmanager (*Quelle*: Ioannis Pantzi/ Shutterstock.com)

Dem noch nicht sehr lange eingesetzten Manager für neue Projekte, Herrn Tüftler, war es schon sehr peinlich von einem Mitarbeiter von Herrn Moser an die überfällige Abgabe eines Angebotes erinnert zu werden. Vielleicht hätte man den Auftrag sogar verloren, wenn die beiden nicht zufälligerweise Studienkollegen gewesen wären.

Als einzige Möglichkeit, diesen Fauxpas seiner Firma wieder auszubügeln, sah er eine sofortige Angebotserstellung auf Basis von Erfahrungswerten. Da konnte er nicht noch auf den Vertrieb warten, die den Kunden schon mal hatten hängen lassen. Darum hatte er dann auch direkt bei Herrn Bauer (Leiter Facilities) angerufen und gebeten, Frau Calculus mit den für das Angebot notwendigen Informationen zu versorgen. Und deswegen wurde das Angebot auch nicht noch einmal mit dem verantwortlichen Accountmanager abgesprochen – der hätte ohnehin nicht viel beitragen können, da es ja um einen neuen Standort ging und dafür war er als Projektmanager verantwortlich.

---

[1] *Customer Relationship Management (CRM)* zielt nach Hofbauer und Hellwig (2009, S. 28ff) darauf, neue Potenziale bezüglich bestehender Kunden zu identifizieren, bestehende Kundenbeziehungen zu optimieren und attraktive Neukunden zu akquirieren. Ein CRM-System ist ein Informationssystem zur Unterstützung des Customer Relationship Management.

Am Gesichtsausdruck von Herrn Kopf las Herr Tüftler ab, dass er doch wohl besser mit dem Vertrieb und auch dem zuständigen Accountmanager gesprochen hätte!

3.1.5 Gespräch mit Herrn Präsenz (Accountmanager)

Herr Präsenz, Accountmanager (*Quelle*: dotshock/ Shutterstock.com)

Auch wenn es Herrn Präsenz schwer fiel, so musste er doch eingestehen, dass es in der Firma Dinge gab, die seine Accounts betrafen und über die er nicht informiert war. Er zeigte Herrn Kopf die im CRM-System hinterlegten Kundenkontakte mit der Firma von Herrn Moser. Weder fanden sich hier der betreffende Messekontakt, Angaben zu weiteren Kundenkontakten außer seinen eigenen, noch das Angebot selbst. Damit war klar, dass das CRM-System nicht dazu genutzt wurde, alle kundenrelevanten Daten zu speichern und vertriebliche Aktivitäten zu steuern. Vielmehr war es derzeit ein Datengrab und keine nützliche Kundendatenbank. Die Tatsache, dass ein IT-Werkzeug vorhanden war, garantierte wohl keine besseren Prozesse.

Beide nahmen sich vor, mit allen Prozessbeteiligten zu sprechen, um herauszufinden, warum sie das CRM-System nicht wie vorgesehen nutzten.

3.1.6 Gespräch mit Frau Calculus (Controllerin)

Frau Calculus, Controlling (*Quelle*: kurhan/ Shutterstock.com)

Unter dem Eindruck, dass hier Informationen nicht zum richtigen Zeitpunkt am richtigen Ort ankamen, führte Herr Kopf als nächstes ein Gespräch mit Frau Calculus im Controlling. Schließlich musste sie auftragsspezifische Daten buchhalterisch überprüfen und reporten.

Die Frage, ob sie sich an das Angebot erinnern könne, beantwortete sie wie aus der Pistole geschossen mit „Ja“. Herr Kopf wollte natürlich wissen, ob sie das Angebot in schlechter Erinnerung hatte. „Und ob!“ platzte es aus ihr heraus. Vom jungen neuen Projektmanager kam zu diesem Vorgang freitags abends spät ein Anruf, da wäre ganz schnell noch ein Angebot fertig zu machen und an den Kunden zu versenden. Ihre Bedenken, dass der Accountmanager nicht mehr im Hause sei, hatte der Kollege zur Seite gewischt. Eigentlich hatte sie an diesem besagten Freitagabend etwas anderes vor, doch der Manager für neue Projekte machte die Sache absolut dringlich. „Wenn wir den Auftrag noch haben wollen, müssen wir jetzt handeln".

Die Beschreibung der Leistungen und die Kosten hatte er dann mit ihrer Hilfe aus den letzten Angeboten rüber kopiert. So schrieb sie dann im Geschäftssystem das Angebot auf Basis der groben Angaben, die ihr per Mail gegeben wurden, druckte es aus und gab es Herrn Kopf noch schnell zur Unterschrift rein. Glücklicherweise war auch er noch im Büro. So ging alles ganz schnell und der Kunde bekam sein Angebot noch vor dem Wochenende.

„Letztlich bin ich dann doch noch zufrieden ins Wochenende gegangen und meinen privaten Termin konnte ich auf den Samstag verschieben". Sie hatte allerdings dann nicht mehr daran gedacht, die Daten noch ins CRM-System einzupflegen. Ferner war sie fest davon ausgegangen, dass der Projektmanager den Vertrieb und insbesondere den Accountmanager informieren würde.

3.1.7 Gespräch mit Herrn Bauer (Leiter Facilities)

Herr Bauer, Leiter Facilities (*Quelle*: Zdorov Kirill Vladimirovich/Shutterstock.com)

Herr Bauer hatte als Abteilungsleiter Facilities die FULLSERVICE-STRUKTURBETRIEB maßgeblich bei der Chemiemesse vertreten, bei der Herr Moser wegen des Angebots nachgefragt hatte. Denn da Herr Bauer bei den neuen Standorten immer einer der ersten Vertreter von FULLSERVICE-STRUKTURBETRIEB vor Ort war, konnte er potentiellen Kunden die spezifischen Vorteile am authentischsten erklären. Er wäre auch ein guter Vertriebler geworden.

Auf den Fall Moser angesprochen erzählte Herr Bauer, wie anstrengend die diesjährige Messe war und welche Flut von Kontaktanfragen über die Beteiligten hereingebrochen war. Er sah für seinen Verantwortungsbereich einfach keine andere Möglichkeit, als die Assistenz und den Auszubildenden zu bitten, den Stapel zu sichten. Schließlich unterstütze er die Kollegen aus dem Bereich Marketing & Vertrieb bei solchen Gelegenheiten ja nur. Die Bewertung der Messekontakte sprengte dann aber doch das Zeitbudget, das er für solche Messeauftritte reservieren konnte. Frau Schreiber hatte er kurz die aus seiner Sicht wichtigsten Indikatoren zur Einschätzung von Potenzialen zugerufen. Die Anfrage von Herrn Moser wurde wohl erst einmal aussortiert.

Hätte nicht Herr Tüftler bei ihm um Unterstützung gebeten, wäre die im Rahmen der Messe gestellte Anfrage unbeachtet geblieben. So wurde Herr Bauer an den längst in Vergessenheit geratenen Messekontakt abrupt erinnert. Da er schon oft mit der Firma von Herrn Moser zusammengearbeitet hatte und wußte, dass dies ein wichtiger Kunde war, half er Herrn Tüftler umgehend. Er unterstützte dann auch Frau Calculus und stellte ihr die wesentlichen Anforderungen, an die er sich aus dem Gespräch noch erinnern konnte, in einer Mail zusammen. Da es schon Freitag war, kümmerte er sich nicht mehr darum, die entsprechenden Informationen auch ins CRM-System einzutragen – schließlich musste er noch die Notschichtpläne für das Wochenende erstellen.

Auch er hatte sich dann darauf verlassen, dass Herr Tüftler die Kollegen vom Vertrieb und den Accountmanager informieren würde. Als er sich am Montag morgen direkt bei Eintreffen im Büro um einen größeren Wasserschaden in einer Lagerhalle kümmern musste, geriet der Vorgang schließlich komplett in Vergessenheit. „Das ist leider komplett aus meiner ToDo-Liste rausgefallen – aber das gehört ja auch eigentlich gar nicht zu meinen Aufgaben“ sagte er Herrn Kopf noch zum Abschied.

Mit persönlichen Wiedervorlagen und dem verbindlichen Einhalten von vereinbarten Abläufen hatte wohl so mancher in dieser Firma seine Probleme, überlegte sich Herr Kopf auf dem Weg zu seinem nächsten Gespräch.

3.1.8 Gespräch mit Herrn Überall (Objektleiter)

Herr Überall, Objektleiter
(*Quelle*: auremar/Shutterstock.com)

Da Herr Moser ja nicht nur von dem späten und unpräzisen Angebot sondern auch von Mängeln bei der Dienstleistungserbringung gesprochen hatte, wollte Herr Kopf auch wissen, wie es darum stand. Er bat seine Assistenz mit dem für den besagten Standort verantwortlichen Objektleiter, Herrn Überall, so bald wie möglich einen Termin zu vereinbaren. Herr Überall kam noch am selben Tag und brachte seine Verwunderung über Art und Umfang der angebotenen und beauftragten Dienstleistungen zum Ausdruck.

Die im Auftrag enthaltenen Gebäudedaten waren, wie sich später vor Ort herausstellte, unvollständig. Teilweise gehörten sie gar nicht zu dem zu betreuenden Objekt. In Folge dessen wurde der Personaleinsatz im Vorfeld falsch geplant und einige Arbeiten, die vor Ort erwartet wurden, konnten aufgrund fehlender Qualifikationen nicht ab Auftragsbeginn erledigt werden.

„Leider hat das zu einem unbeabsichtigten Stillstand der Produktion von Herrn Mosers Unternehmen geführt“ musste Herr Überall feststellen. Trotzdem hatte er die Leistungserbringung rasch korrigiert. Auch er hatte bei dem Durcheinander versäumt, den Accountmanager zu informieren.

3.1.9 Ein Gespräch mit allen

In den Gesprächen hatte Herr Kopf so viel über die zugegebenermaßen schlechten Abläufe in seinem Unternehmen erfahren, dass er alle Beteiligten zu einem gemeinsamen Termin einlud.

Er eröffnete das Gespräch mit einer Zusammenfassung der Einzelgespräche. Alle Teilnehmer waren überrascht, wie viel bei einem einzigen Auftrag schief gegangen war. Allen war bewusst, dass dies kein Fehler Einzelner sondern des gesamten Teams und seiner Organisation war.

Als nächstes wurde die Frage diskutiert, ob der definierte und dokumentierte Prozess überhaupt geeignet sei, so etwas auszuschließen. Und auch wenn die Auditoren nichts zu bemängeln hatten, so wurde deutlich, dass die vom internen Qualitätsmanagement erstellten Dokumentationen nicht auf Effektivität, Effizienz und Verbindlichkeit zielen. Vielmehr standen bisher eben das Bestehen von Audits und die Vollständigkeit der Dokumentation im Vordergrund.

Nun ging es um Prozesse, die sich bislang niemand so genau angesehen hatte. In der Vergangenheit waren vielmehr nur technische Abläufe und die Sicherstellung unfallfreier Abläufe im Fokus gewesen. Für den *Angebotserstellungsprozess*, so wollte Herr Kopf ihn nennen, gab es bislang keine klare Verantwortlichkeit. Jemand musste sich diesen Prozess zu eigen machen – und diese Rolle sollte Frau Schnell übernehmen. Sie war von nun an Prozesseignerin des *Angebotserstellungsprozesses*.

Frau Schnell hatte schon bei einigen Kunden die Einführung von Prozessmanagement erlebt. Manche waren hierdurch ganz erheblich effizienter geworden und insgesamt hatte die Zusammenarbeit mit diesen einfach besser geklappt. Andere hatten gesagt, mit Prozessmanagement würde „nur die nächste Sau durchs Dorf getrieben werden" – und dann war alles beim Alten geblieben. Ihr war klar, dass sie diese Aufgabe sehr gut strukturiert angehen musste. Nach einem Brainstorming legte Frau Schnell ihre Vorgehensweise fest und holte sich die Zustimmung von Herrn Kopf und ihren Kollegen ein. Da ihr klar war, dass es bei dem Thema Widerstände gab – schließlich hatte das Fehlen verbindlicher Abläufe manchem Mitarbeiter geholfen sich zu profilieren – wollte sie mit einer Stakeholderanalyse starten. Und so präsentierte sie den folgenden Plan, nach dem sie den Prozess in den Griff bekommen wollte:

1. Stakeholder erkennen und einordnen
2. Kunden und Kundennutzen bestimmen
3. Kennzahlen zur Überprüfung der Prozessergebnisse festlegen
4. Kritische Kennzahlen zur Prozesssteuerung identifizieren
5. Steuernde Ereignisse identifizieren und würdigen
6. Prozessschritte zuordnen und Prozess implementieren

Am Ende des Meetings wusste Herr Kopf: Wenn seine Leiterin Marketing & Vertrieb bei dieser Aufgabe erfolgreich wäre, würde sich in seinem Unternehmen viel mehr zum Positiven ändern, als zu diesem Zeitpunkt absehbar war. Seine Firma musste diesen Weg gehen – und dies konsequent!

3.2 Etablierung des Angebotserstellungsprozesses

Die folgenden Abschnitte sollen erklären, inwieweit Frau Schnell ihre Aufgabe umgesetzt haben könnte. Dabei werden immer wieder Annahmen zur Firma FULLSERVICE-STRUKTURBETRIEB und ihren Mitarbeitern getroffen, die in einer anderen Firma ganz anders aussehen können. Es handelt sich eben um ein Fallbeispiel. Trotzdem sollte das Bearbeitungsprinzip an diesem Fall deutlich werden. Und insbesondere soll dieses Beispiel verdeutlichen, wie durch die getroffenen Maßnahmen Effektivität, Effizienz und Verbindlichkeit in Unternehmen signifikant gesteigert werden können.

Prozesse, die starten, jedoch nicht den definierten und erwarteten Ablauf nehmen, haben Mängel bezüglich ihrer *Effektivität* oder werden einfach nur nicht wie vorgesehen und dokumentiert gelebt. Lässt die Dokumentation effektives Handeln erwarten, dann könnten Mängel im Hinblick auf *verbindliches Abarbeiten* der definierten Abläufe vorliegen. Bringt der Prozess die erwarteten Ergebnisse, aber dies gefühlt langsam und umständlich, dann gilt es die *Effizienz* der Abläufe ins Auge zu fassen. In der vorliegenden Fallstudie werden Defizite und Probleme in allen drei Bereichen geschildert.

Leser können an dieser Stelle auch gerne eine Pause einlegen und sich überlegen, wie sie in der Rolle von Frau Schnell an die Aufgabenstellung herangegangen wären? Welche der vorgestellten Methoden für Prozesseigner können hier zur Anwendung kommen? Welchen Zweck verfolgt man damit und welche Wirkung kann man von diesen erwarten?

Die beispielhafte Bearbeitung der Fallstudie gliedert sich nach dem 6-Punkteplan von Frau Schnell.

3.2.1 Stakeholder erkennen und einordnen

Eine *Stakeholderanalyse* sollte nicht nur deutlich machen, welche Akteure es gibt, sondern auch, wie sie zum Thema Prozessmanagement insgesamt und zu einer stärker verbindlichen Regelung des von einem Prozesseigner verantworteten Prozesses stehen. Das Diagramm aus Abb. 3.1 veranschaulicht genau diese Aspekte in einem Bild.

Je dichter ein Name[2] am Mittelpunkt der beiden Kreise liegt, umso höher ist die Mitwirkung der beteiligten Person am vom Prozesseigner verantworteten Prozess. Die Ein-

[2] Wahlweise können hier auch Rollen eingetragen werden.

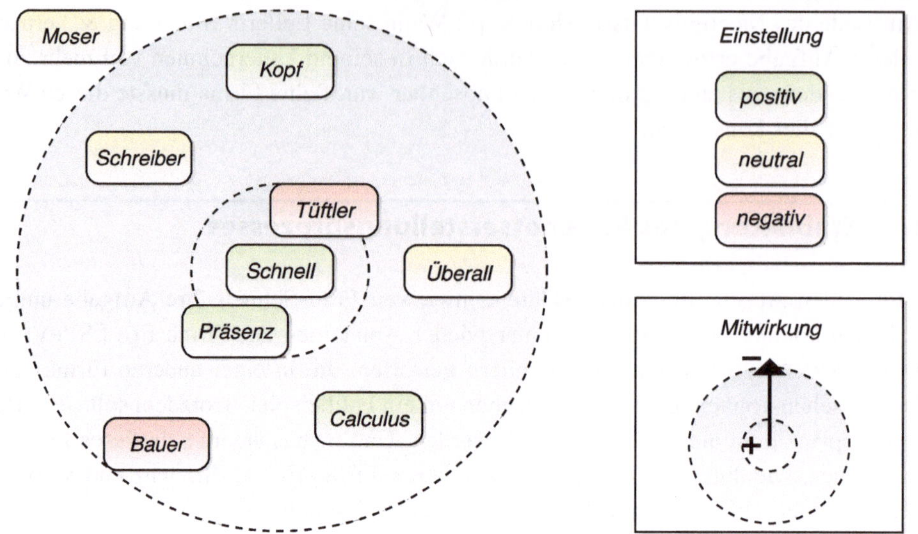

Abb. 3.1 Stakeholderanalyse

färbung der Namen gibt wiederum an, ob diese Personen tendenziell eher positiv, negativ oder neutral zur Erhöhung der Verbindlichkeit im Prozess eingestellt sind.

Im vorliegenden Fall ist zu beobachten, dass Herr Kopf aktiv die Einführung eines Prozessmanagements fordert. Da man davon ausgehen sollte, dass er meint was er sagt, ist seine Einstellung positiv, auch wenn seine Mitwirkung am konkreten Prozess eher gering ausfällt – dafür hat er ja Frau Schnell die Prozesseigner-Rolle zugewiesen. Diese muss dem Thema gegenüber positiv eingestellt sein; ansonsten wäre die Sache verloren, ehe sie begonnen hat. Auch Herr Präsenz, der feststellen muss, dass er nicht alle Aktivitäten kennt, die seine Accounts betreffen, muss dem Thema positiv gegenüber eingestellt sein. Gleiches gilt für Frau Calculus, die in ihrer Rolle als Controller transparente Vorgänge braucht.

Herr Tüftler hingegen hat gehofft, aus seiner Fähigkeit zum ad hoc-Management Vorteile ziehen zu können. Und auch Herr Bauer, der gewohnt ist, sehr spontan auf auftretende Probleme zu reagieren, ist kein Freund einer prozessorientierten Steuerung. Er empfindet diese als behindernd.

Die anderen Akteure stehen dem Thema bei ähnlichen Mitwirkungsgraden tendenziell neutral gegenüber, etwa Herrn Moser als Kunde. Er ist nicht Teil der FULLSERVICE-STRUKTURBETRIEB und hätte beim vorliegenden Prozess keinen Vorteil, sich unmittelbar in die Prozessausgestaltung einzubringen. Das ist nicht bei allen Geschäftsprozessen so. Besteht ein hohes Automatisierungspotenzial hinsichtlich der Kunden-Lieferanten-Schnittstelle, kann es ausgesprochen sinnvoll sein, mit Kunden und Lieferanten den Leistungserstellungsprozess im Detail abzustimmen.

Ausgestattet mit dieser ersten Analyse kann es in die nächste Phase der Bearbeitung gehen.

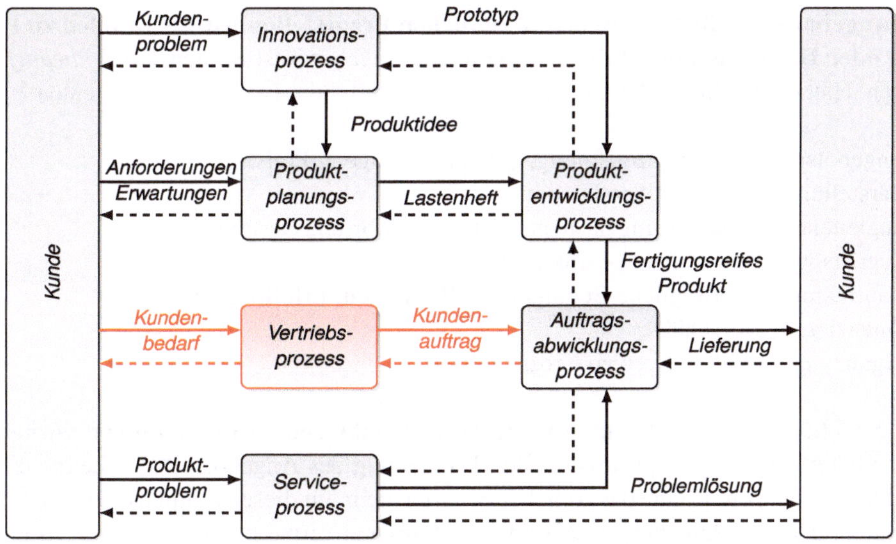

Abb. 3.2 Einordnung des Angebotserstellungsprozesses in die Prozesslandkarte

3.2.2 Kunden und Kundennutzen bestimmen

Die Frage nach dem Kunden scheint bei einem *Angebotserstellungsprozess* ganz offensichtlich beantwortet werden zu können. Denn mit Herrn Moser hat man einen Kunden ganz konkret vor Augen. Und sicherlich ist in diesem Fall der Kunde von FULLSERVICE-STRUKTURBETRIEB auch gleichzeitig der Kunde des *Angebotserstellungsprozesses*.

Im Allgemeinen gilt das nicht zwingend und auch der *Angebotserstellungsprozess* hat neben dem *externen Kunden* auch *interne Kunden*. So darf im konkreten Fall auch der Objektleiter, Herr Überall, als *Prozesskunde* angesehen werden, da er für den Fall, dass ein Angebot angenommen wird, dieses auch umsetzen (können) muss.

Das bestätigt auch ein Blick in die Prozesslandkarte, die in Abb. 3.2 um Rückkopplungen zum Kunden erweitert ist.[3] Der *Angebotserstellungsprozess* kann als zentraler Bestandteil eines *Vertriebsprozesses* angesehen werden. Dieser ist zusammen mit seinen Schnittstellen farblich hervorgehoben. (Externe) Kunden und die Verantwortlichen für den *Auftragsabwicklungsprozess* können dabei nicht nur als Prozesskunden sondern auch als Prozesslieferanten angesehen werden. Denn es sind die Kundenanforderungen, welche sich im Angebot an den Kunden wiederfinden müssen.

Der mit einem *Angebotserstellungsprozess* verbundene *Kundennutzen* kann mehrdimensional formuliert werden:

[3] Diese sind als gestrichelte Pfeile dargestellt.

Das Angebot klärt die technischen & zeitlichen Fragestellungen des Kunden zu Produkt oder Dienstleistung Primäres Ziel eines Angebotes ist es, den *Kundenbedarf* zu decken. Hierzu enthält ein Angebot in seinem Kernteil die folgenden Komponenten:[4]

- Angebotspositionen (Bezeichnung, Qualität, Menge & Preis)
- Darstellung der technischen Lösung
- Begleitende Dienstleistungen (Service, Fracht, Wartungsvertrag)
- Begriffsdefinitionen und Spezifikationen
- Kaufmännisch vertragliche Bedingungen (Lieferzeit, Erfüllungsort)
- Finanzierungsvorschläge
- Ergänzungen (Möglichkeit zu Cross Selling)

Das Angebot wird dem Kunden fristgerecht gemäß seinen Erwartungen vorgelegt Neben einer sorgfältigen, professionellen Darstellung des Angebots ist der Zeitpunkt zu beachten, zu dem ein Kunde das Angebot erwartet, denn für diesen Zeitpunkt steht die Entscheidung über das Angebot an. Wird dieser Zeitpunkt verpasst, droht, dass ein Anbieter nicht mehr im Entscheidungsprozess des Kunden berücksichtigt wird.

Für das Angebot ist eine Wirtschaftlichkeitsberechnung durchgeführt worden Hierbei muss überprüft werden, ob bei Beauftragung des Angebots der Auftrag mit Gewinn erfüllt werden kann. Sollte der Auftrag nur kostendeckend erfüllt werden können oder evtl. noch nicht einmal das, muss es sich um einen besonderen Fall von Kulanz handeln, um einen bestehenden Kunden zu halten, oder dieser Auftrag soll im Sinne einer offensiven Marktstrategie dazu beitragen, einen wichtigen neuen Kunden zu gewinnen oder in einen neuen Markt einzudringen.

Das Angebot ist im Unternehmen abgestimmt und kann umgesetzt werden Da im Falle einer Auftragsvergabe der *Auftragsabwicklungsprozess* dem *Angebotserstellungsprozess* nachgelagert ist, muss dafür Sorge getragen sein, dass er auch realisiert werden kann. Es müssen also die entsprechenden Produktionskapazitäten oder im Falle von Dienstleistungen das benötigte Personal zur Verfügung stehen bzw. gemäß Angebot bereitgestellt werden können.

Um sicherzustellen, dass keine Komponente vernachlässigt wird, könnten entsprechende Kontrollpunkte in den zu entwickelnden Prozess integriert werden. Sinnvoller wäre es, zu Beginn des *Angebotserstellungsprozesses* ein leeres (elektronisches) Angebotsformular zu generieren, bei dem jeder für ein „gutes" Angebot zu bearbeitende Aspekt deutlich kenntlich gemacht ist. Auf diese Weise wären von Anfang an alle zu erledigenden Aufgaben erkennbar. Wird zudem frühzeitig das anzustrebende Abgabedatum für das Angebot eingetragen, ist das Zeitfenster bis zum Abschluss aller dieser Aufgaben klar definiert und die bis dahin verbleibenden Aufgaben können gegenüber anderen, außerhalb des Prozesses liegenden Aktivitäten priorisiert werden.

[4] In Anlehnung an (Hofbauer und Hellwig 2009, S. 238ff).

Tatsächlich enthält die Fallstudie Hinweise auf weitere Prozesse. So ist die Rückfrage des Mitarbeiters von Herrn Moser bei der FULLSERVICE-STRUKTURBETRIEB letztlich ein *Reklamationsprozess*.

Auch die Problemaufnahme durch Herrn Kopf und der Versuch, hier eine Veränderung herbeizuführen, kann als *kontinuierlicher Verbesserungsprozess* gelebt werden.

Schließlich zeigt die Fallstudie auch einen Bedarf für einen *Prozessmanagement-Prozess*. So wird beschrieben, wie Frau Schnell als Prozesseigner benannt wird, ohne entsprechend geschult zu sein. Und auch Herr Kopf kennt diese Rolle letztlich nicht. Unter solchen Umständen ist der Erfolg, der mit Methoden des Prozessmanagements erzielt werden kann, von vielen Zufällen abhängig.

3.2.3 Kennzahlen zur Überprüfung der Prozessergebnisse festlegen

Nachdem die Kunden des Prozesses und der Kundennutzen bestimmt sind, geht es jetzt um die Frage, wie die angestrebten Prozessergebnisse messbar gemacht werden können. Hierzu könnte zu jedem genannten Kundennutzen auch zumindest eine Kennzahl bestimmt werden. Doch ob das sinnvoll ist, ist eine andere Frage.

Art und Anzahl der Kennzahlen, die zu erheben sind, ergeben sich neben dem Kundennutzen aus den folgenden Fragen:

- Welches Prozessverhalten soll mit Hilfe von Kennzahlen erreicht werden? Welches Fehlverhalten könnte eine Kennzahl auslösen, dem durch eine weitere Kennzahl entgegenzuwirken ist?
- Wie viele Kennzahlen kann ein Prozesseigner überhaupt gleichzeitig beachten bzw. wie viele Aspekte eines Geschäftsprozesses sind (evtl. angesichts einer Verbesserungsmaßnahme) zu kontrollieren?

Im Rahmen eines systematischen Vorgehens sollten nun zuerst in Bezug auf den zuvor formulierten Kundennutzen Kennzahlen identifiziert werden, die dann anschließend priorisiert und gegeneinander abgewogen werden. Hierzu kann das Kennzahlenschema aus Abb. 2.4 zur Anwendung kommen, auch wenn dies eigentlich zur Bestimmung von PPI und nicht in Bezug auf das Prozessergebnis entwickelt wurde. Die Suche nach Kennzahlen soll dabei entlang der vier Aspekte des zuvor formulierten Kundennutzens geleitet werden:

Das Angebot klärt die technischen & zeitlichen Fragestellungen des Kunden zu Produkt oder Dienstleistung Wesentliche Dimensionen, die Aussagen zur Güte des Produktergebnisses hinsichtlich dieses Aspekts erlauben, sind *Qualität*, *Kundenzufriedenheit* und *Mitarbeiterzufriedenheit*.

Die *Qualität* lässt sich indirekt aus der Anzahl der Korrekturen eines Auftrags ableiten, die bei dessen anschließender Umsetzung aufgrund von Fehlern im Angebot durchzuführen sind – hierüber lässt sich ein Maß für die *Verlässlichkeit* formulieren. Ermittelt werden kann diese Information durch Kundenbefragung. Kunden, die ein Angebot erst gar nicht annehmen, werden wohl nur eine geringe Bereitschaft zeigen, sich an einer solchen Befragung zu beteiligen.

Gleiches gilt für die *Kundenzufriedenheit* – hier könnte insbesondere das Augenmerk auf die *Kompetenz der Ansprechpartner* gelegt werden. Auch diese drückt sich im Rahmen einer Messung dadurch aus, dass ein beauftragtes Angebot bei der Realisierung angepasst bzw. spontan auf Gegebenheiten reagiert werden muss, die bereits zum Zeitpunkt der Angebotserstellung absehbar gewesen wären.

Hingegen lässt sich die *Mitarbeiterzufriedenheit* bei realisierten und bei abgelehnten Angeboten erfragen. Hierbei können Mitarbeiter der Fachabteilungen zur Vollständigkeit von Angeboten befragt werden. Im Fall von beauftragten Angeboten können so notwendig gewordene Korrekturen dokumentiert werden; im Fall von Angeboten, die nicht angenommen werden, können zumindest bei ehemaligen Kunden valide Annahmen gemacht werden. Letztlich drückt sich hierin die *Mitarbeiterinvolvierung* bei der Angebotserstellung aus.

Das Angebot wird dem Kunden fristgerecht gemäß seinen Erwartungen vorgelegt Für diesen Aspekt des Produktergebnisses ist die wesentlichen Dimension die *Zeit* und hier insbesondere die *Durchlaufzeit*. Doch sollten gerade zeitbezogene Kennzahlen mit Vorsicht eingesetzt werden. Denn im beschriebenen Fall wurde etwa der Versuch, eine letzte Frist des Kunden einzuhalten, damit bezahlt, dass das Angebot nicht sorgfältig genug erstellt wurde und lückenhaft und nicht abgestimmt war. Zeitbezogene Kennzahlen sollten daher möglichst immer durch eine qualitäts- oder mengenbezogene Kennzahl abgesichert sein.

Für das Angebot ist eine Wirtschaftlichkeitsberechnung durchgeführt worden Eine Kennzahl, die im Rahmen des *Angebotserstellungsprozesses* feststellt, ob eine Wirtschaftlichkeitsberechnung durchgeführt worden ist oder nicht, kann nicht sinnvoll erhoben werden. Falls es hier Defizite gibt, so ist der *Angebotserstellungsprozess* so umzugestalten, dass dies garantiert ausgeschlossen werden kann. Allerdings stellt sich die Frage, ob diese Wirtschaftlichkeitsberechnung überhaupt durchgeführt werden kann.

Neben den Kosten für den Materialeinkauf sind die Arbeitslöhne sowie ein Fixkostenanteil zu berücksichtigen. Im Rahmen eines komplexen Produktionsprozesses sollten dann die *Prozesskosten* für die Auftragsabwicklung bestimmt und bei der Angebotserstellung berücksichtigt werden. Da die Erhebung der *Prozesskosten* jedoch Teil des *Auftragsabwicklungsprozesses* ist, spielen diese im Rahmen dieser Fallstudie keine weitere Rolle.

Das Angebot ist im Unternehmen abgestimmt und kann umgesetzt werden Der letzte Aspekt eines Angebots, der einen hohen Kundennutzen stiftet, zielt auf das Unternehmen selbst, da in diesem Fall die an der Auftragsabwicklung beteiligten Mitarbeiter die Prozesskunden sind. Insbesondere zwei Dimensionen spielen hierbei eine Rolle: Die *Mitarbeiterzufriedenheit* und die *Flexibilität*.

Nummer	Dimension	Kennzahl	Art der Erhebung
1	*Qualität*	*Verlässlichkeit*	*Meldungen aus dem Reklamationsmanagement*
2	*Kunden-zufriedenheit*	*Kompetente Ansprechpartner*	*Befragung*
3	*Mitarbeiter-zufriedenheit*	*Mitarbeiter-involvierung*	*Befragung*
4	*Zeit*	*Prozess-durchlaufzeit*	*Messung Posteingang/Postausgang*
5	*Flexibilität*	*Fertigungs-effektivität*	*Befragung*

Abb. 3.3 Kennzahlen zum Prozessergebnis

Die *Mitarbeiterinvolvierung* als wichtiger Bestandteil der *Mitarbeiterzufriedenheit* wurde bereits zuvor als Kennzahl zur Bewertung des Prozessergebnisses benannt. Diese Überlegungen haben auch hier Bestand.

Als Kennzahl für die *Flexibilität* kann die *Fertigungseffektivität* genutzt werden, um herauszufinden, ob alle Akteure ausreichend mit Informationen versorgt waren, um ihren jeweiligen Beitrag zur Angebotserstellung auch leisten zu können und ob es Beteiligte gab, die nicht oder zu einem anderen Zeitpunkt hätten eingebunden werden sollen.

Abbildung 3.3 fasst die ermittelten Kennzahlen zum Prozessergebnis in einer Tabelle zusammen. Welche im Rahmen der Fallstudie weiter verfolgt werden sollten, wird im folgenden Abschnitt untersucht, nachdem zusätzlich kritische Kennzahlen zur Prozesssteuerung identifiziert wurden. Für die dann ausgewählten Kennzahlen werden schließlich exemplarisch Kennzahlensteckbriefe definiert.

3.2.4 Kritische Kennzahlen zur Prozesssteuerung identifizieren

Die im vorherigen Kapitel gefundenen möglichen Kennzahlen für den *Angebotserstellungsprozess* haben einen primär analytischen Charakter. Sie dienen dazu, den Prozessverlauf zu verstehen sowie Defizite und Verbesserungspotenziale aufzudecken. Damit zeigen sie aber erst Wirkung, wenn eine Reihe von Prozessdurchläufen abgeschlossen sind – und für diese kommen die abgeleiteten Handlungen zu spät.

Das Kennzahlenschema aus Abb. 2.4 kann auch genutzt werden, um strukturiert steuernde Kennzahlen für den *Angebotserstellungsprozess* zu suchen. Diese sollen so gewählt sein, dass ein Eingreifen in den Prozessverlauf möglich ist, wenn andernfalls das Erreichen des Prozessergebnisses gefährdet wäre. Zwei Kennzahlen scheinen im konkreten Fall besonders geeignet zu sein: Die *Liefergeschwindigkeit* als Kennzahl der Dimension *Zeit* und die *Standardisierungsquote* als Kennzahl der Dimension *Qualität*.

Nummer	Dimension	Kennzahl	Art der Erhebung
6	*Zeit*	*Liefer-geschwindigkeit*	*Zeit vom Eingang bis zur Bearbeitung*
7	*Zeit*	*Liefer-geschwindigkeit*	*Zeit zur Beantwortung von Fachfragen*
8	*Qualität*	*Standardi-sierungsquote*	*Anteil standardisierter Komponenten*

Abb. 3.4 Kennzahlen zur Prozesssteuerung

Mit der Kennzahl *Liefergeschwindigkeit* kann eine höhere Verbindlichkeit im *Angebotserstellungsprozess* erzielt werden. Wesentlich hierfür sind Regeln dafür, mit welcher Geschwindigkeit

1. Anfragen potenzieller Kunden an den Vertrieb weitergegeben werden und anschließend
2. Rückfragen des Vertriebs zu Details der Leistungserstellung, die fristgerecht und abgestimmt in ein Angebot aufgenommen werden müssen, beantwortet werden.

Bei Abweichungen von einer festgesetzten *Liefergeschwindigkeit* können im ersten Fall Anfragen, die langsamer als geplant an den Vertrieb weitergegeben werden, höher priorisiert werden. Werden im zweiten Fall vereinbarte Reaktionszeiten nicht eingehalten, gibt dies dem Prozesseigner des *Angebotserstellungsprozesses* die Möglichkeit, ausstehende Informationen aktiv einzufordern und den Prozess im zeitlichen Rahmen zu halten.

Eine *Standardisierungsquote* kann dazu dienen, dass bestimmte Anteile eines Angebots durch bausteinartige Inhalte und Strukturen zu füllen sind, selbst wenn es sich wie etwa im Maschinenbau und bei Dienstleistungen um insgesamt individuell konfigurierbare Leistungen handelt. Hierdurch kann die Bearbeitungszeit für ein einzelnes Angebot deutlich reduziert werden. Für die Bearbeitung der Fallstudie soll die Kennzahl zwar aufgenommen werden,[5] da sie für die Praxis eine hohe Relevanz hat, in Bezug auf die Fallstudie kann sie allerdings nicht sinnvoll weiterverfolgt werden, da hierzu eine genaue Kenntnis des angebotenen Produkts nötig ist. Doch dies würde den Rahmen der Fallstudie sprengen ohne zugleich einen signifikanten Mehrwert zu liefern.

Abbildung 3.4 zeigt die gefundenen Prozesskennzahlen. Zusammen mit den Kennzahlen aus Abb. 3.3 ist nun eine Basis geschaffen, um geeignete Kennzahlen für die Fallstudie präzisieren zu können.

Um aus dieser Vorauswahl geeignete Kennzahlen *final* auszuwählen, sollte der Aufwand zur Erhebung der jeweiligen Kennzahl geschätzt und zum erwarteten Nutzen in Re-

[5] Sie wird deshalb auch in Abb. 3.4 aufgeführt.

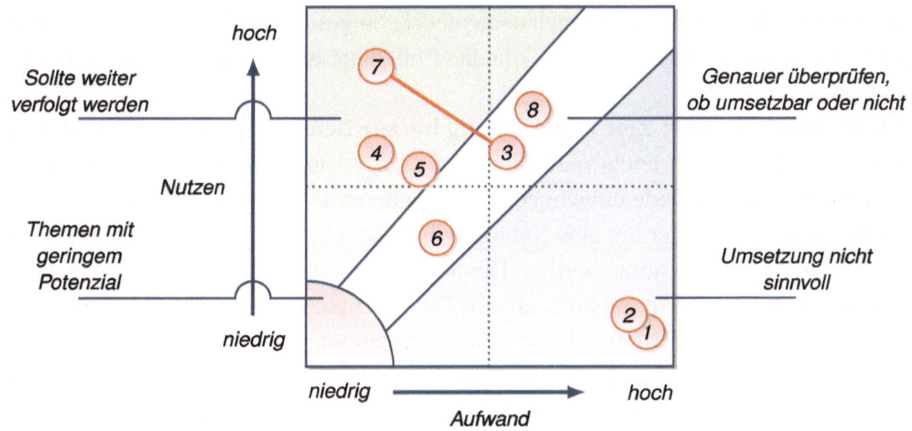

Abb. 3.5 Aufwand/Nutzen-Relation für die Kennzahlen

lation gesetzt werden. Ferner sollten Abhängigkeiten zwischen den Kennzahlen deutlich werden. Beide Aspekte werden in Abb. 3.5 dargestellt.[6]

Der Bewertung der einzelnen Kennzahlen liegen folgende Überlegungen zugrunde:

1. **Verlässlichkeit: Meldungen aus dem Reklamationsmanagement** Für die Etablierung der ersten benannten Kennzahl ist ein hoher Aufwand zu erwarten, da es nach Darstellung der Fallstudie bislang kein funktionierendes Reklamationsmanagement gibt. Ferner darf der zu erwartende Nutzen nicht zu hoch geschätzt werden, da sich dieser nur bei einer hohen Reklamationsbereitschaft der Kunden einstellt.
2. **Kompetente Ansprechpartner: Befragung** Auch hier ist mit einem erheblichen Aufwand zu rechnen, denn abhängig von den unterschiedlichen Phasen einer Angebotserstellung können auch unterschiedliche Kompetenzanforderungen vorliegen. Diese differenziert beim Kunden zu erfragen ist für Kunden wohl kaum zeitlich vertretbar, wenngleich die hierüber erwerbbaren Informationen einen erheblichen Beitrag zum Kundenverständnis leisten könnten.
3. **Mitarbeiterinvolvierung: Befragung** Eine Befragung der Mitarbeiter hinsichtlich ihrer Beteiligung am *Angebotserstellungsprozess* kann hingegen relativ leicht durchgeführt werden und kann wichtige Erkenntnisse zu schlecht implementierten Schnittstellen zwischen Vertrieb und den anderen Einheiten der Organisation liefern.
4. **Prozessdurchlaufzeit: Messung Posteingang/Postausgang** Die Messung der Prozessdurchlaufzeit ist eine wichtige Voraussetzung, um das Ausmaß der Probleme im *Angebotserstellungprozess* zu verstehen.
5. **Fertigungseffektivität: Befragung** Die richtige Informationsversorgung ist für die beteiligten Akteure von zentraler Bedeutung, um ihre Arbeit erledigen zu können. Doch scheint dies im vorliegenden Fall nicht das dringlichste Problem zu sein, weswegen der

[6]Zu Aufwand/Nutzen-Relationen siehe etwa (Lunau 2006, S. 245).

Nutzen dieser Kennzahl weder hoch noch niedrig eingestuft wird. Der Aufwand für ihre Erhebung ist vergleichsweise gering, da diese mit einer unternehmensinternen Umfrage erhoben werden kann.

6. **Liefergeschwindigkeit: Zeit vom Eingang bis zur Bearbeitung** Die Erhebung dieser Kennzahl lässt sich leicht realisieren, falls der Posteingang des Unternehmens gut organisiert ist und für jede eingehende Anfrage deren Datum festgestellt werden kann. Doch obwohl es sich hier um eine Kennzahl zur Messung der Performanz handelt, kann diese nicht steuernd genutzt werden. Denn eine Lenkung von liegen gebliebenen Dokumenten könnte nur mit einem zentralen Dokumentenmanagement realisiert werden. Ein solches gibt es aber im beschriebenen Unternehmen wohl nicht. Aus diesem Grund hat diese Kennzahl rein analytischen Charakter. Da der Handlungsbedarf für die Etablierung von Prozessmanagement in der Fallstudie bereits festgestellt worden ist, ist ihr Nutzen nicht mehr so groß als wenn dies noch nicht geschehen wäre.
7. **Liefergeschwindigkeit: Zeit zur Beantwortung von Fachfragen** Die Erhebung der Liefergeschwindigkeit für Fachinformationen, die vom Vertrieb bei den jeweiligen Fachabteilungen erfragt werden, ist eine Größe, die gut zur Steuerung des Prozesses verwendet werden kann. Die Lieferzeiten sind dabei individuell abhängig von der abgefragten Information sowie abhängig vom Kundenbedarf zu formulieren. Bei einfacher Erhebung ist der Nutzen dieser Kennzahl sehr hoch anzusetzen.
8. **Standardisierungsquote: Anteil standardisierter Komponenten** Wie bereits oben beschrieben, ist der Standardisierungsgrad von Angebotskomponenten ohne weiterreichende Kenntnis des konkreten Produkts nicht als Kennzahl im Rahmen der Fallstudie auszuarbeiten. Grundsätzlich ist Standardisierung aber anzustreben, da sie einen Beitrag zur Effizienzsteigerung leistet und zumeist auch für eine gleichbleibende Qualität von Prozessergebnissen sorgt. Standardisierung ist oft mit geringem Aufwand zu erreichen, es sei denn, sie kann nur durch Einführen eines neuen Informationssystems erreicht werden.

Damit wird deutlich, dass die *Liefergeschwindigkeit zur Beantwortung von Fachfragen* im Kontext des *Angebotserstellungsprozesses* eine relevante Größe ist, mit der sich dieser Prozess steuern lässt. Allerdings sollten zeitbezogene Kennzahlen grundsätzlich nicht alleine erhoben, sondern immer mit einer qualitätssichernden Kennzahl gekoppelt werden. In diesem Fall ist dies die *Mitarbeiterinvolvierung*, die durch Befragung ermittelt werden kann. Die Kopplung dieser beiden Kennzahlen ist in Abb. 3.5 durch eine Verbindungslinie zwischen diesen beiden Punkten dargestellt, die ausdrückt, dass sie wechselseitig einem ungewollten „Übersteuern" aufgrund der jeweils anderen Kennzahl entgegenwirken sollen.

Der letzte Schritt ist nun die Definition der beiden Kennzahlen in Form von Kennzahlensteckbriefen. Abbildung 3.6 zeigt den Kennzahlensteckbrief zu *Liefergeschwindigkeit zur Beantwortung von Fachfragen* und Abb. 3.7 den Kennzahlensteckbrief zur *Mitarbeiterinvolvierung*.

Kennzahlensteckbrief		
Prozess	*Angebotserstellungsprozess*	*Allgemein*
Bezeichnung der Kennzahl	*Liefergeschwindigkeit bei Fachfragen*	
Beschreibung	*Misst die Dauer, bis Anfragen an Fachabteilungen, die zur Vervollständigung von Angeboten gebraucht werden, beantwortet sind*	
Kritischer Erfolgsfaktor	*Schnittstellen zwischen den Abteilungen; richtige Priorisierung von Aktivitäten*	
Adressat	*Prozesseigner Vertriebsprozess & verantwortlicher Vertriebler*	
Zielwert	*Individuell festzulegen & zu kommunizieren*	*Eskalation*
Toleranzwert (obere/ untere Eingriffsgrenze)	*80% (also vor Ablauf), 100% und ab 110%*	
Eskalationsregel	*nach 80%: Stand erfragen; bei 100%: Information einfordern; ab 110% : Verzögerungen managen*	
Verantwortlicher für Zielwert, Toleranzwert, Eskalationsregel und Gültigkeit	*Leiter Marketing & Vertrieb in Absprache mit den Fachabteilungen*	*Überwachung*
Termin der nächsten Überprüfung der Kennzahlendefinition	*1 Jahr nach Inkrafttreten dieses Kennzahlensteckbriefs*	
Datenquellen	*Kundenverwaltungssystem*	*Messung*
Messverfahren	*Abgleich Terminlisten im Kundenverwaltungssystem*	
Messintervall	*Täglich*	
Verantwortlicher für Messverfahren	*Verantwortlicher Vertriebler*	
Berechnungsweg	*Differenz vereinbarter Zeitpunkt zu aktuellem Zeitpunkt*	*Berechnung & Darstellung*
Darstellung	*Einblendung im Kalender; Aktivität in der ToDo-Liste*	
Darstellungs- und Reportingintervall	*Täglich*	
Verantwortlicher für Darstellung	*Verantwortlicher Kundenverwaltungssystem*	

Abb. 3.6 Kennzahlensteckbrief: Liefergeschwindigkeit zur Beantwortung von Fachfragen

3.2.5 Steuernde Ereignisse identifizieren und würdigen

Der letzte Schritt, bevor eine sinnvolle Gesamtstruktur für den *Angebotserstellungsprozess* entworfen werden kann, von der erwartet werden darf, dass sie auch verbindlich eingehalten wird, ist die Identifikation zentraler Ereignisse, die eine Steuerung des Prozesses ermöglichen.

Zunächst ist als auslösendes Ereignis für den Gesamtprozess jegliches Interesse von (potentiellen) Kunden an einem Angebot bedeutend, was dazu führen muss, dass der

Kennzahlensteckbrief		
Prozess	*Angebotserstellungsprozess*	*Allgemein*
Bezeichnung der Kennzahl	*Mitarbeiterinvolvierung bei der Angebotserstellung*	
Beschreibung	*Befragung der Mitarbeiter, ob sie angemessen in den Angebotserstellungsprozess eingebunden sind*	
Kritischer Erfolgsfaktor	*Schnittstellen zwischen den Abteilungen; funktionierende Arbeitsteilung*	
Adressat	*Prozesseigner Vertriebsprozess; Geschäftsleitung*	
 *Zielwert*	100% *Beteiligung der relevanten Akteure* 0% *Beteiligung von anderen Mitarbeitern*	*Eskalation*
Toleranzwert (obere/ untere Eingriffsgrenze)	*Jegliche Abweichung vom Zielwert*	
Eskalationsregel	*Hinterfragen des Prozessverlaufs und der benötigten Prozessmitarbeiter*	
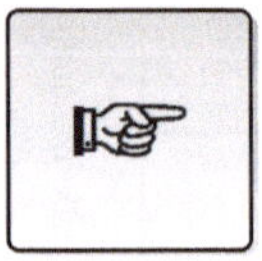 *Verantwortlicher für Zielwert, Toleranzwert, Eskalationsregel und Gültigkeit*	*Leiter Marketing & Vertrieb; Geschäftsleitung*	*Überwachung*
Termin der nächsten Überprüfung der Kennzahlendefinition	*1 Jahr nach Inkrafttreten dieses Kennzahlensteckbriefs*	
 *Datenquellen*	*Fragebögen (evtl. online)*	*Messung*
Messverfahren	*Befragung*	
Messintervall	*Alle 2 Monate* (6× *jährlich)*	
Verantwortlicher für Messverfahren	*Prozesseigner*	
 *Berechnungsweg*	*Auswertung der Fragebögen*	*Berechnung & Darstellung*
Darstellung	*Report an Prozesseigner, Leiter Marketing & Vertrieb und die Geschäftsleitung*	
Darstellungs- und Reportingintervall	*Alle 2 Monate* (6× *jährlich)*	
Verantwortlicher für Darstellung	*Leiter Marketing & Vertrieb*	

Abb. 3.7 Kennzahlensteckbrief: Mitarbeiterinvolvierung

Vertrieb schnellstmöglich informiert wird. Je geringer ein Mitarbeiter gemäß der Stakeholderanalyse aus Abb. 3.1 am *Angebotserstellungsprozess* grundsätzlich mitwirkt, umso schwieriger wird es sein, dies sicherzustellen. Umso wichtiger ist es, dieses auslösende Ereignis in die Prozessdarstellung aufzunehmen und entsprechend zu kommunizieren.

Ist der Inhalt des zu erstellenden Angebots noch unklar, so ist er vom Accountmanager zusammen mit dem Kunden zu präzisieren. Anschließend ist das Angebot zunächst konzeptionell auszuarbeiten und schließlich das eigentliche Angebot mit seinen Preisen zu erstellen. Hierbei sind die jeweiligen Akteure zu informieren und ferner ist mittels der

Kennzahl *Liefergeschwindigkeit* steuernd dafür zu sorgen, dass die notwendigen Informationen zeitnah bereitgestellt werden.

Abschließend sind alle am *Angebotserstellungsprozess* beteiligten Mitarbeiter zu informieren. Dies gilt insbesondere für solche Mitarbeiter, die eine Kundenanfrage zu Beginn an den Vertrieb weitergeleitet haben, obwohl sie ansonsten nicht an diesem Prozess beteiligt sind. Ein entsprechendes Feedback wird auch künftig motivieren, dass dieser entscheidende Informationsfluss gelingt.

Auch die anderen Beteiligten sind zu informieren. Dem Accountmanager gibt diese Information eine Gelegenheit zur Kontaktaufnahme, dem Objektleiter die Möglichkeit, den möglichen Auftrag schon jetzt bei durchzuführenden Maßnahmen zu berücksichtigen und das Controlling kann das Angebot bei zu erstellenden Reports berücksichtigen. Schließlich besteht die Chance, die Aufgabenverteilung zwischen Vertrieb und Projektmanagement abzustimmen. Zu guter Letzt ist natürlich insbesondere dem Kunden das Angebot vorzulegen und dann auch weiterzuverfolgen, bis aus dem Angebot hoffentlich ein Auftrag wird.

Die abschließenden Ereignisse können genutzt werden, um die Kennzahl *Mitarbeiterinvolvierung* für ein einzelnes Angebot in Ergänzung zu einer Mitarbeiterbefragung zu erheben.

3.2.6 Prozessschritte zuordnen und Prozess implementieren

Mit den zentralen Ereignissen aus dem letzten Abschnitt, die den Prozessverlauf bestimmen, kann nun der Gesamtprozess entwickelt werden. Das Prozessdiagramm aus Abb. 3.8 zeigt den Entwurf als Ereignisgesteuerte Prozesskette, allerdings eingebettet in Swimlanes, um die jeweiligen Verantwortlichkeiten deutlicher herauszuarbeiten.

Die einzelnen Stationen des Prozessverlaufs sind in Abb. 3.8 markiert:

1 Eine Anfrage eines Kunden kann im Prinzip überall im Unternehmen eingehen und sollte unmittelbar an den Vertrieb weitergeleitet werden.

2, 3 Vom Vertrieb ist anschließend zu bestimmen, ob es für diesen Kunden einen zugeordneten Accountmanager gibt. In der Fallstudie gibt es einen solchen Account – tatsächlich macht die Kombination aus Funktion und Ereignis deutlich, dass hier auch eine andere Situation möglich wäre. Wie sich das Unternehmen verhalten soll, wenn es noch keinen zugeordneten Account gibt bzw. gar nicht geben soll, lässt sich aus der Fallstudie nicht herleiten und wird hier darum auch nicht weiter behandelt. Im „echten Leben" wäre der alternative Prozessverlauf ebenfalls zu regeln.

4, 5 Vom Accountmanager sind anschließend die Details zu prüfen. Im vorliegenden Fall handelt es sich um ein Angebot zu einem neuen Standort, bei dem neben dem Vertrieb auch das Projektmanagement und das Objektmanagement einzubinden sind. Auch hier kann es im „echten Leben" alternative Verläufe geben, die sich aus den in der Fallstudie beschriebenen Fakten nicht ableiten lassen.

6 Nun kann vom Vertrieb ein Rohangebot angelegt werden, aus dem für alle Beteiligten erkennbar ist, welche offenen Punkte zu klären sind. Ferner sind Termine festzusetzen,

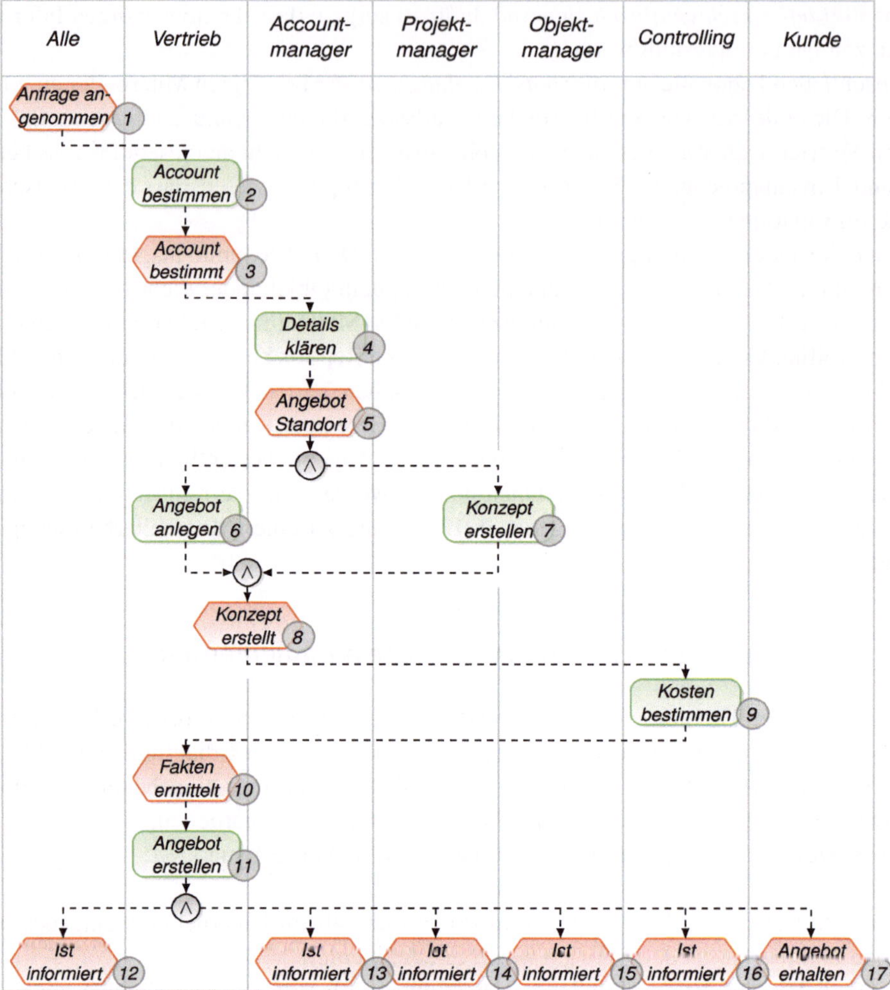

Abb. 3.8 Prozessdiagramm zum Angebotserstellungsprozess

bis zu denen die technischen und finanziellen Details zu klären sind. An diesem Rohdokument kann, ein entsprechendes Dokumentenmanagementsystem vorausgesetzt, verteilt gearbeitet werden.

7 Parallel können Projektmanagement und Objektmanagement gemeinsam ein Konzept erstellen.

8 Ist es erstellt, erhalten Vertrieb und Accountmanagement hierüber Kenntnis.

9 In der beschriebenen Fallstudie liefert das Controlling die Kosten für die Kalkulation. In anderen Organisationen könnten diese evtl. über einen zentralen Einkauf bestimmt werden.

10, 11 Die so ermittelten technischen und finanziellen Fakten werden zu einem Angebot verdichtet.

12–17 Dieses wird dann, wie in Abschn. 3.2.5 beschrieben, an die Akteure im Unternehmen und insbesondere den Kunden weitergeleitet.

Die in Abschn. 3.2.4 identifizierten Kennzahlen können wie folgt genutzt werden:

Liefergeschwindigkeit bei Fachfragen Diese steuernde Kennzahl kann mit den Ereignissen *Konzept erstellt (8)* und *Fakten ermittelt (10)* kombiniert werden. Sind diese Ereignisse nicht bis zum vereinbarten Zeitpunkt eingetreten, ist die Eskalationsregel anzuwenden.

Mitarbeiterinvolvierung Die eher analytische Kennzahl kann bei Prozessabschluss im Zusammenhang mit den Ereignissen *12–16* zur Anwendung kommen, bei denen alle relevanten Mitarbeiter abschließend informiert werden. So könnte die für die *Mitarbeiterinvolvierung* notwendige Mitarbeiterbefragung auch in den Prozessverlauf integriert werden.

Der beschriebene Prozessverlauf ermöglicht einen gemanagten Prozess, der durch Kennzahlen gesteuert wird und bei dem die Belange der einzelnen Akteure berücksichtigt werden.

3.3 Was können Prozesseigner von diesem Fall lernen?

Die vorgestellte Fallstudie und die Art, wie sie bearbeitet wurde, stellt nur eine Lösung dar. Sicherlich kann man vor dem Hintergrund persönlicher Erfahrungen auch zu anderen Abläufen oder Kennzahlen kommen. Die hier beschriebene, strukturierte Vorgehensweise erlaubt aber, dass die Ergebnisse nachvollzogen und Alternativen diskutiert werden können.

Indikatoren dafür, dass vergleichbar zur Fallstudie ein Geschäftsprozess überdacht werden sollte, sind Anzeichen von Abteilungsdenken. Wird etwa von „Denen im Vertrieb“[7] gesprochen, so grenzen sich Abteilungen gegeneinander ab. Abteilungsübergreifende Prozesse sind dann schwerer zu managen. Glaubt dann noch die eine Abteilung eine Aufgabe besser übernehmen zu können als eine andere, macht diese Rivalität die Zusammenarbeit noch schwieriger. Insbesondere werden solche Rivalitäten durch unklare Prozessstrukturen noch befördert.

Ein weiteres Zeichen von mangelndem Prozessdenken sind Aussagen wie „Der Prozess läuft doch immer“. Eine solche Aussage macht deutlich, dass die grundsätzliche Aufgabe einer Abteilung und das kundenorientierte Arbeiten entlang von Prozessen nicht unterschieden sind. Damit lassen sich Optimierungen bestenfalls an Arbeitsplätzen, nicht aber aus der Zusammenarbeit heraus finden und umsetzen.

[7] Alternativ kann hier der Name jeglicher Abteilung oder auch die Geschäftsführung angeführt werden.

Die hier vorgestellte Fallstudie und die Art ihrer Bearbeitung führt allerdings nur dann zu einer wesentlichen Verbesserung, wenn die Prozessbeteiligten daran auch interessiert sind und ehrlich mitarbeiten. Dazu muss ein vertrauensvolles Arbeitsklima als Teil einer guten Prozesskultur vorhanden sein oder hergestellt werden.

3.4 Zusammenfassung

- Die Fallstudie demonstriert die Bearbeitung eines Geschäftsprozesses entlang der in Kap. 2 beschriebenen Schritte. Diesen wird noch eine Stakeholderanalyse vorangestellt.
- Bei der Bestimmung des Kundennutzens sind sowohl interne als auch externe Kunden des Prozesses zu berücksichtigen.
- Analytische und steuernde Kennzahlen lassen sich gleichermaßen systematisch herleiten. Mit einer Aufwand/Nutzen-Matrix sind dann die geeigneten, wenigen Kennzahlen auszuwählen, die für die operative Steuerung und mittelfristige Planung des Prozesses genutzt werden sollen. Hierbei sind Wechselwirkungen zu berücksichtigen. Ferner ist sicherzustellen, dass nicht durch das sture Erreichen von Kennzahlwerten ein Fehlverhalten zum Schaden der Organisation provoziert wird.
- Noch vor Festlegung des Prozessverlaufs sind die wesentlichen Ereignisse zu erkennen und zu formulieren. Diese bilden dann das Grundgerüst, entlang dessen der Prozess festgelegt werden kann.
- Werden die steuernden Kennzahlen dann mit steuernden Ereignissen verbunden, kann eine verbindliche Prozessdurchführung gewährleistet werden.

4 Methoden der Prozessintensivierung

Der Begriff der *Prozessintensivierung*, der hauptsächlich in der chemischen Verfahrenstechnik benutzt wird, soll hier als Sammelbegriff für Methoden zum tieferen Prozessverständnis und zur Prozessoptimierung verstanden werden. Hierunter wurden in der Vergangenheit oft Methoden zur Effizienzsteigerung verstanden, etwa *Lean Management* und *kontinuierliche Verbesserungsmaßnahmen*, *Kaizen* oder *Six Sigma*. Manche Autoren und Praktiker sehen diese Methoden als „Alternativen" zum Prozessmanagement an. Tatsächlich können die jeweiligen Konzepte und Vorgehensmodelle im Kontext von Prozessmanagement zu Optimierungszwecken und zur Effizienzsteigerung genutzt werden. Fragen einer strategischen Prozessorientierung, der Entwicklung einer Prozesskultur sowie der Ermöglichung neuer Geschäftsmodelle durch Prozessmanagement und innovative Informationssysteme beantworten sie allerdings nicht.

Kontinuierliche Verbesserungsmaßnahmen haben ihren Ursprung im japanischen *Kaizen*. Hierunter versteht man eine Sammlung von Methoden, die darauf zielen, Formen der *Verschwendung zu vermeiden*. Verschwendungen treten auf in Form von *Überproduktion*, *Wartezeiten*, *überflüssigem Transport*, *ungünstiger Herstellungsprozesse*, *überhöhter Lagerhaltung*, *unnötigen Bewegungen* sowie der *Herstellung fehlerhafter Teile*.[1]

Es sind die Mitarbeiter, deren Wissen genutzt werden soll, um diese unterschiedlichen Arten von Verschwendung zu identifizieren und abzuschaffen. In diesem Sinne kann man einen *Kontinuierlichen Verbesserungsprozess* als Führungsinstrument verstehen, bei dem in Teamarbeit Verbesserungen betrieblicher Abläufe erarbeitet werden.[2] Das Konzept der Vereinfachung und Standardisierung kann dabei über den Ansatz von Kaizen hinausgehend auch auf die Programm- und Produktkomplexität angewendet werden.[3] Insgesamt zielen diese Maßnahmen hauptsächlich auf den Aspekt Effizienz. Fragen der Effektivität

[1] Siehe hierzu (Imai 1997, S. 13).

[2] Siehe hierzu (Witt und Witt 2008, S. 17).

[3] Siehe hierzu (Witt und Witt 2008, S. 29).

C. Simon, B. Hientzsch, *Prozesseigner*, Xpert.press,
DOI 10.1007/978-3-658-06460-0_4

und Verbindlichkeit, die für das Prozessmanagement gleichermaßen von zentraler Bedeutung sind, werden erst nachgelagert betrachtet.

Für die Umsetzung kontinuierlicher Verbesserungen haben sich *Frameworks* etabliert, in denen die wesentlichen Methoden inhaltlich klassifiziert werden, um eine systematische Erarbeitung von Verbesserungspotenzialen zu ermöglichen. Hierbei ist das *Flow Framework*[4] als Kern zu sehen, in dem die Aufgaben benannt sind, die Unternehmen erarbeiten müssen, um sich hin zu Lean zu transformieren. Das *Implementation Framework* präzisiert die Kernaufgaben.[5]

Im Zentrum des Flow Frameworks stehen die drei Aufgaben *Prozesse schaffen*, *pflegen* und *organisieren*. Unter der Überschrift *Prozesse schaffen* werden dabei die folgenden Aufgaben gebündelt:[6] *Kundennutzen erfassen*, *Engpässe managen*, *Materialfluss bedarfsgerecht steuern*, *Produktion auf den Bedarf anpassen*, *Läger und Zwischenläger managen* sowie *Durchlaufzeiten reduzieren*. Bei der Pflege der Prozesse geht es um Maßnahmen, um diese dauerhaft am Kundennutzen orientiert weiterzuentwickeln:[7] *Benutzungsprobleme beseitigen*, *Six Sigma Projekte zur Verbesserung durchführen*, *leistungsstarke Ressourcen aufbauen*, *Prozesse flexibilisieren*, *Betrieb aufrechterhalten* sowie *Methoden des Total Productive Management anwenden*. Im Kernbereich *Prozessorganisation* geht es um die Verknüpfung von Aufbau- und Ablauforganisation:[8] *Aufbauorganisation inkl. Reporting anpassen*, *Kontinuierliche Verbesserungsmethoden anwenden*, *Arbeitsschritte standardisieren und Arbeitsplatzorganisation*, *räumliche Gestaltung von Arbeitsabläufen* und *Schaffen von Transparenz durch Visual Management*.

Während das Flow Framework, ähnlich wie die in diesem Buch vorgestellten Aufgabengebiete[9] und Schritte zur Einführung von Prozessmanagement,[10] ein ganzheitliches Konzept für eine effiziente Gestaltung von Organisationen darstellt, zielt die *Six Sigma* auf die Optimierung einzelner Prozesse und hält hierfür einen Projektrahmen bereit. Hinter dem Akronym *DMAIC*[11] verbergen sich einzelne Phasen, die ein Six Sigma-Projekt durchlaufen muss. Ausgehend von einer klaren Definition des Problems wird zunächst der Umfang des Problems vor Durchführung der Verbesserungsmaßnahme gemessen. Nach Analyse der Messergebnisse werden die Veränderungen implementiert. Six Sigma Projekte enden damit, dass nach Durchführen der Veränderungen wiederum gemessen wird, nun um den mit den Maßnahmen erzielten Erfolg zu bestimmen. Auf diese Weise sollen

[4] Siehe hierzu (Bicheno 2006).

[5] Siehe hierzu (Bicheno und Holweg 2009, S. 34).

[6] Siehe hierzu (Bicheno 2006, S. 36, 38, 40, 44, 46, 50).

[7] Siehe hierzu (Bicheno 2006, S. 52, 54, 56, 58, 62, 64, 66, 70).

[8] Siehe hierzu (Bicheno 2006, S. 72, 74–81, 82, 84, 88, 90).

[9] Vgl. Abb. 1.1.

[10] Vgl. Abb. 1.2.

[11] DMAIC steht als Abkürzung für die Phasen *Define*, *Measure*, *Analyse*, *Improve* und *Control* (Lunau 2006, S. 11).

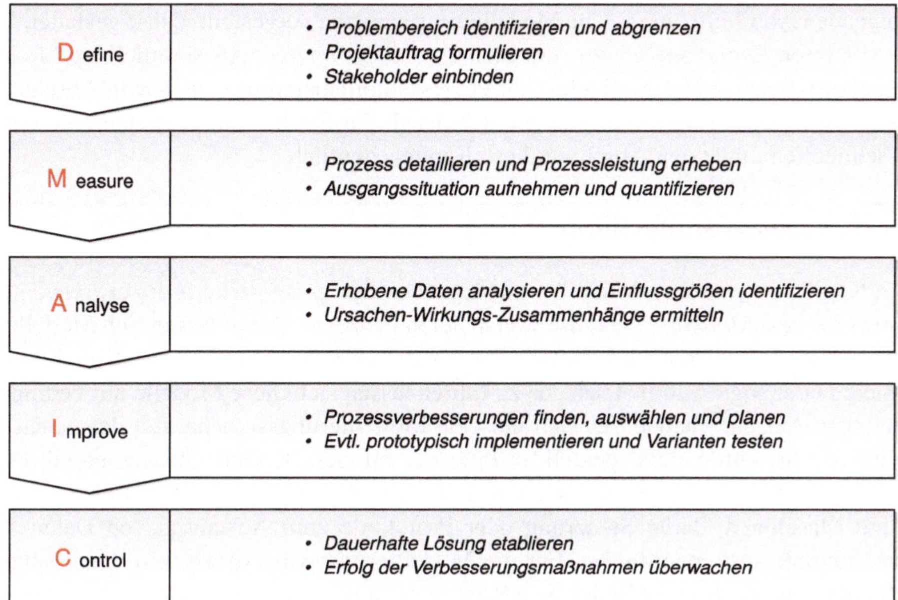

Abb. 4.1 Phasen eines Six Sigma DMAIC-Zyklus

Fehler im Prozessverlauf vermieden und auf die Zahl von höchstens 3–4 Fehler bei einer Million Fehlermöglichkeiten gesenkt werden.[12] Die Phasen eines Six Sigma-Projektes werden in Abb. 4.1 präzisiert.[13]

Reduziert man das Ziel von Prozessmanagement auf die *Steigerung der Effizienz*, so können die folgenden Leitfragen verwendet werden:[14]

- Kann die Anzahl der Prozessbeteiligten minimiert werden?
- Kann die Anzahl der Prozessschritte minimiert werden?
- Werden die benötigten Ressourcen optimal genutzt?
- Kann die Prozesszeit verkürzt werden, etwa durch Eliminierung von Wartezeiten, schnellere Bearbeitung und/oder Parallelisierung von Aktivitäten?
- Kann die Ergebnis- und/oder die Prozessqualität verbessert werden?

Bei einer strukturierten Bearbeitung dieser Fragen helfen *Simulation* und die Verwendung von *Referenzmodellen*.[15] Dabei ist zu beachten, dass es eigene Modellierungssprachen gibt, mit denen sich simulierbare Modelle entwickeln lassen. Mit *Petri-Netzen* wird

[12] Siehe auch (Lunau 2006, S. 9).

[13] Ausführlichere Darstellungen hierzu finden sich auch in (Tavasli 2007, S. 79).

[14] Siehe (Kütz 2009, S. 15, 16).

[15] Siehe auch (Kütz 2009, S. 16).

im folgenden Abschnitt eine solche Modellierungssprache vorgestellt. Diese gestattet, Prozesse von ihren *Engpässen* her zu verstehen und zu optimieren. Als simulierbare Modelle können Petri-Netze auch Grundlage einer Prozessautomatisierung sein, wie in Abschn. 4.3 deutlich wird. Dass Prozessmanagement mehr ist als das Streben nach Effizienzsteigerung, wird schließlich im letzten Abschnitt diese Kapitels deutlich.

4.1 Prozesse analysieren

Die in Kap. 2 vorgestellten Modellierungssprachen *Ereignisgesteuerte Prozessketten* und *Business Process Modeling Notation* visualisieren Prozesse. Damit lassen sich Modelle erstellen, die ihren Lesern noch Interpretationsspielraum lassen. Mathematisch analysieren, simulieren oder sogar automatisch aus zu führen lassen sich diese Modelle nur bedingt.

Bei *Petri-Netzen*[16] handelt es sich um eine Modellierungssprache, mit der genau das möglich ist. Sie wurde nicht speziell für Prozesse entwickelt. Vielmehr werden mit Petri-Netzen ganz allgemein *dynamische Systeme* beschrieben und analysiert. Beispiele hierfür sind Maschinen, deren Steuerung oder Protokolle zum Austausch von Daten zwischen Computersystemen dienen. Für die Modellierung von Prozessen in Unternehmen beschränkt man die Art und Weise, wie Petri-Netze aufgebaut sein dürfen.[17]

Petri-Netze bestehen aus *Stellen* und *Transitionen*, die mittels *gerichteter Kanten*[18] untereinander verbunden sind. Stellen können *Marken* tragen, was so zu interpretieren ist, dass eine bestimmte Information vorliegt oder eine Ressource vorhanden ist. Abhängig davon, wie die Stellen in der Nachbarschaft einer Transition[19] markiert sind, kann eine Transition schalten. Dabei werden Marken aus ihrem *Vorbereich* entfernt und neue in ihrem *Nachbereich* erzeugt. Der Vorbereich umfasst dabei alle Stellen, von denen eine Kante zur Transition führt, der Nachbereich alle, zu denen eine Kante hinführt.

Abbildung 4.2 zeigt ein einfaches Petri-Netz. Es beschreibt, wie ein Optimierungspotenzial, das ein Prozessmitarbeiter erkannt hat, dazu führt, dass der Prozesseigner seinen Prozess verändert und anschließend der Geschäftsleitung vorlegt, die die Änderung genehmigt oder ablehnt. Eine abgelehnte Änderung führt dazu, dass der Prozess nochmals überarbeitet wird. Andernfalls wird die neue Prozessbeschreibung dokumentiert und an die Prozessmitarbeiter kommuniziert.

Ereignisse und *Aktivitäten* werden, anders als bei den zuvor vorgestellten Modellierungssprachen, nicht durch eigene Symbole unterschieden. Beide lassen sich durch Transitionen ausdrücken. In Abb. 4.2 werden Transitionen gelb dargestellt, wenn sie wie Ereignisse zu interpretieren sind. Blau dargestellte Transitionen entsprechen „klassischen"

[16] Sie gehen zurück auf die Arbeit von Petri (1962). Der Name *Petri-Netze* wurde diesem Ansatz zur Modellierung und Analyse jedoch erst später gegeben.

[17] Die unterschiedlichen Ansätze werden ausführlich in (Richter-von Hagen und Stucky 2004), (Aalst und Hee 2002) oder (Simon 2008) behandelt.

[18] Stellen zeichnet man als Kreise, Transitionen als Rechtecke. Gerichtete Kanten sind Verbindungslinien, bei denen eine Pfeilspitze die Leserichtung angibt.

[19] Die Nachbarschaft sind alle Stellen, mit denen die Transition durch eine Kante verbunden ist.

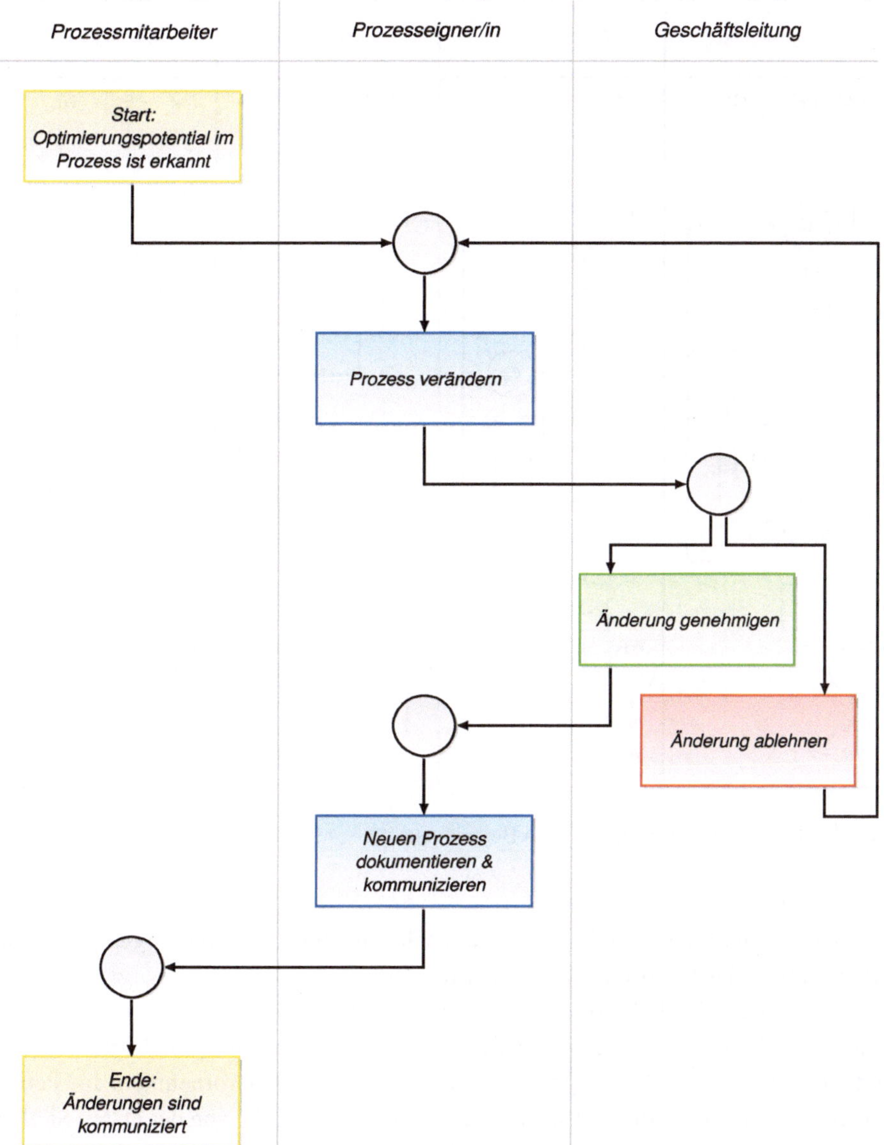

Abb. 4.2 Die Elemente eines Petri-Netzes an einem Beispiel

Aktivitäten. Grüne und rote Transitionen kennzeichnen positive bzw. negative Entscheidungen. Diese Art der Darstellung ist allerdings nicht standardisiert.

Abbildung 4.3 ist eine verkleinerte Darstellung[20] des Petri-Netzes aus Abb. 4.2 und erklärt an diesem Beispiel, wie man mit Hilfe von Petri-Netzen Prozesse simulieren kann.

[20]Der Einfachheit halber werden die Transitionen hier mit den Namen $t1$ bis $t6$ abgekürzt.

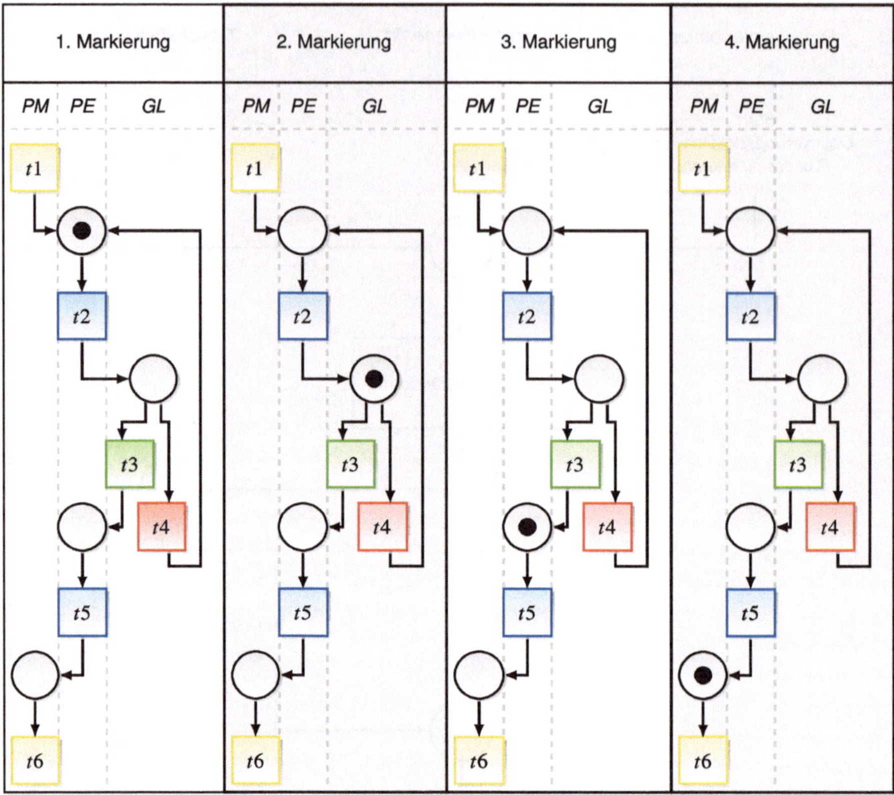

Abb. 4.3 Mögliche Prozessabläufe zum Beispiel aus Abb. 4.2

Da die Transition $t1$ aus dem Prozessverlauf selbst noch keine Vorbedingung hat, kann sie *schalten*, sobald das auslösende Ereignis (hier *Erkennen von Optimierungspotenzial*) eintritt. Dadurch wird die 1. Markierung erreicht und die oberste Stelle ist mit einem *Token* markiert. Ein Token repräsentiert die einfachste Art von Information. Jetzt ist Transition $t2$ aktiviert, d. h. der Prozesseigner kann die Veränderungen vornehmen. Im Petri-Netz bedeutet dies, dass Transition $t2$ schaltet. Dabei wird die Marke von der ersten Stelle weggenommen und eine Marke auf die zweite Stelle gelegt. Die zweite Markierungssituation ist erreicht. Durch diese Situation sind nun wiederum die beiden Transitionen $t3$ und $t4$ aktiviert, die die beiden möglichen Ausgänge der Entscheidung der Geschäftsleitung repräsentieren. Lehnt die Geschäftsleitung die Änderung ab und schaltet Transition $t4$, wird nochmals die erste Markierungssituation erreicht. Wird die Änderung akzeptiert und schaltet Transition $t3$, so wird die dritte Markierungssituation erreicht, in der der Prozesseigner den neuen Prozess dokumentieren und kommunizieren muss. Ist dies passiert und hat Transition $t5$ geschaltet, kann der Prozess mit dem Schalten von Transition $t6$ abgeschlossen werden.

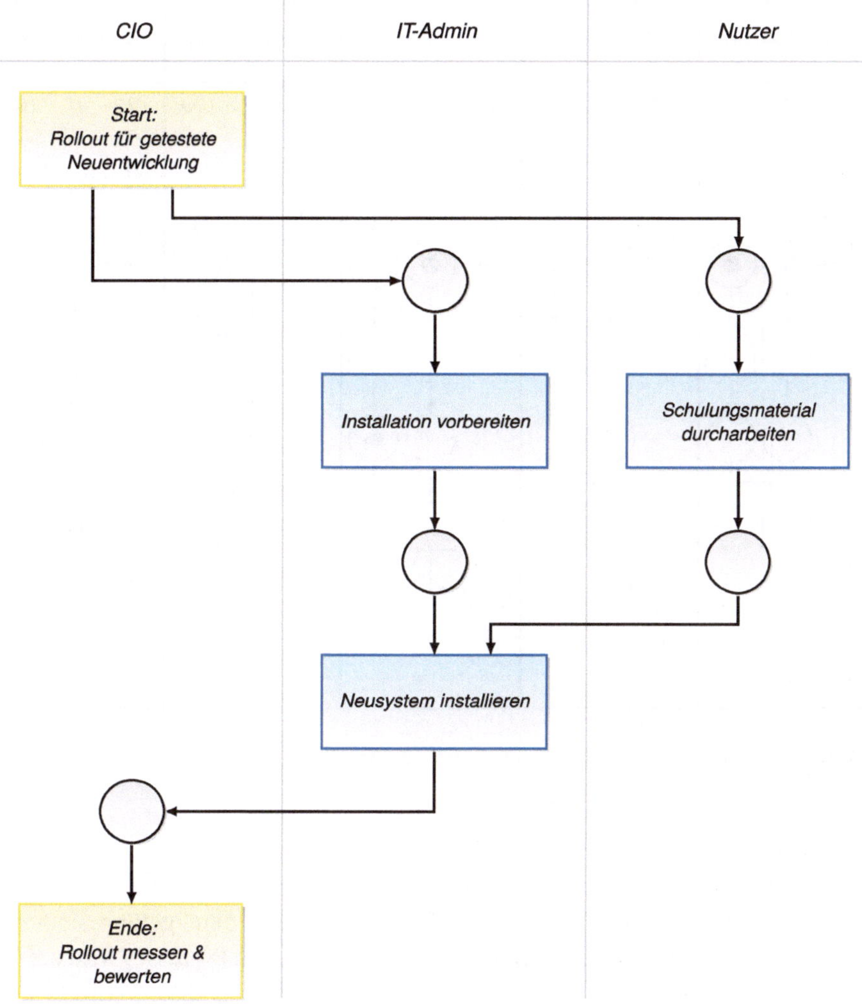

Abb. 4.4 Nebenläufige Aktivitäten beim Rollout neuer IT-Systeme

Ein *Prozess* bzw. *Prozessdurchlauf* wird in einem Petri-Netz dadurch ausgedrückt, dass ausgehend von einer *Start-Transition* eine Folge von Transitionen schaltet bis eine *Ende-Transition* die Schaltfolge beendet. Sowohl vor Prozessstart als auch nach Prozessende muss das Petri-Netz unmarkiert sein.

Solange Prozesse rein sequentiell ablaufen oder nur wenige Alternativen enthalten, sind die möglichen Prozesspfade noch klar zu erkennen. Da sich Petri-Netze aber simulieren lassen, eignen sie sich auch zur Beschreibung komplexer Prozesse, bei denen Aktivitäten nebenläufig ausgeführt werden können. Abbildung 4.4 veranschaulicht dies an einem Beispiel. Der CIO eines Unternehmens veranlasst am Ende einer Softwareentwicklung, dass der eigentlich Rollout vorbereitet und die Nutzer geschult werden. Diese beiden Aktivitä-

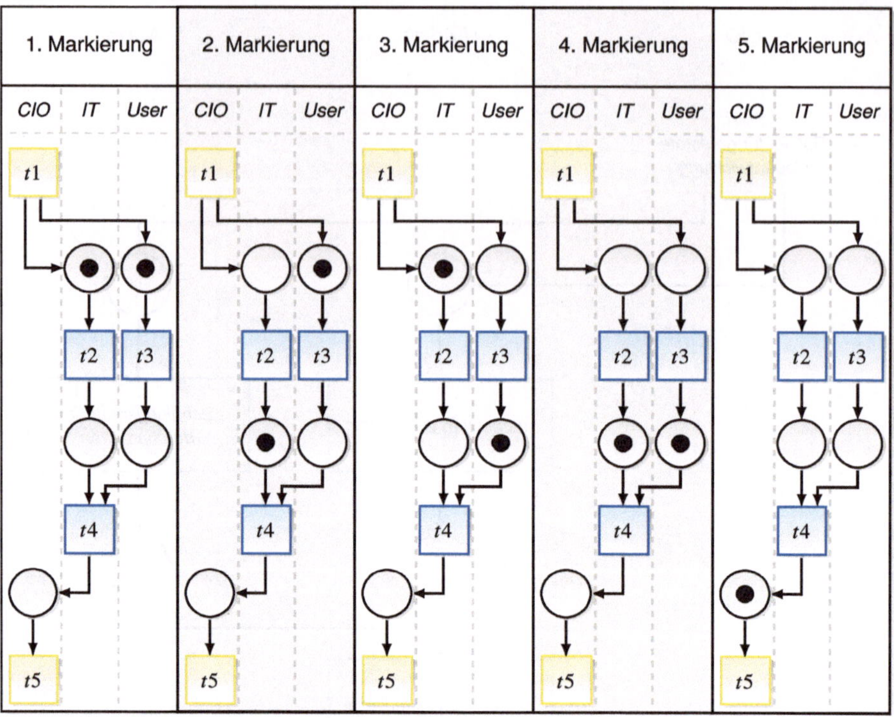

Abb. 4.5 Mögliche Prozessabläufe zum Beispiel aus Abb. 4.4

ten können *nebenläufig* passieren, d. h. die beiden Aktivitäten stehen in keiner inhaltlichen Abhängigkeit voneinander. Sie können nacheinander passieren – und zwar in beliebiger Reihenfolge – oder *parallel*. Erst nachdem beide Aktivitäten durchgeführt sind, darf die eigentliche Installation des Neusystems erfolgen. Am Ende des Prozesses wird der Verlauf gemessen und bewertet.

Auch für dieses Beispiel werden die *Prozessverläufe* genauer untersucht. Sie sind in Abb. 4.5 dargestellt.[21] Wenn die Start-Transition $t1$ schaltet, werden beide obere Stellen gleichzeitig markiert. Dies bewirkt wiederum, dass $t2$ und $t3$ aktiviert sind und schalten können. Sie müssen aber nicht parallel schalten bzw. die von ihnen repräsentierten Aktivitäten müssen nicht parallel durchgeführt werden. Schaltet erst Transition $t2$, dann wird die zweite Markierung erreicht; schaltet hingegen zuerst Transition $t3$, dann wird die dritte Markierung erreicht. Wenn danach auch die jeweils andere Transition geschaltet hat bzw. wenn die Transitionen $t2$ und $t3$ tatsächlich parallel passieren, dann wir schließlich die vierte Markierung erreicht. In dieser Situation sind alle Stellen im Vorbereich von Transition $t4$ markiert, die nun aktiviert ist. Schaltet diese, werden die Marken von beiden

[21] Auch hier sind die Transitionsnamen mit $t1$ bis $t5$ abgekürzt.

vorgelagerten Stellen entfernt und eine Marke auf die letzte Stelle des Netzes gelegt. Jetzt kann der Prozess durch Schalten von Transition $t5$ abgeschlossen werden.

Es ist ein Ziel, innerhalb von Prozessen *Nebenläufigkeit* zu ermöglichen. Denn werden Aktivitäten in Prozessen parallel ausgeführt, so sinkt die von Kunden wahrgenommene Durchlaufzeit unter die Prozesszeit.[22] Das kann ein entscheidender Wettbewerbsvorteil sein.

Schließlich kann ein Prozess mehrfach parallel zu sich selbst ausgeführt werden. Nimmt man etwa die Primärprozesse aus Abb. 2.2 als Beispiel, so gibt es hoffentlich mehr als einen Kunden, dessen Bedarf über einen Vertriebsprozess aufgenommen und in einen Auftrag überführt wird. Die parallelen Prozessdurchläufe bezeichnet man als *Prozessinstanzen*.

In Petri-Netzen lässt sich dieser Sachverhalt durch *unterscheidbare Marken* veranschaulichen. Abbildung 4.6 zeigt hierfür nochmals das zuvor behandelte Petri-Netz, dieses Mal jedoch markiert mit *unterscheidbaren Marken*[23] die jeweils eine *Prozessidenfikationsnummer* tragen. Über diese können die einzelnen Prozessinstanzen unterschieden werden. Im Beispiel ist der Prozess Nummer 47 erst gestartet. Seine Marken haben bislang nur die ersten beiden Stellen erreicht. Beim Prozess mit der Prozessnummer 42 ist die Installation vorbereitet, aber die Mitarbeiter sind noch nicht geschult. Bei Prozess 44 kann das Neusystem bereits installiert werden. Und Prozess 40 steht schließlich kurz vor dem Abschluss.

Neben der Prozessidentifikationsnummer können Marken in Petri-Netzen auch beliebige weitere Informationen tragen wie etwa kumulativ aufgelaufene Kosten in den einzelnen Prozesspfaden. Von besonderer Bedeutung ist die Möglichkeit *Zeitinformationen* abzubilden. Erste Ansätze hierzu haben den Transitionen eine Bearbeitungsdauer zugewiesen.[24] Hierzu müssen Petri-Netze um „Uhren" erweitert werden.[25] Tatsächlich kann auch die Zeitinformation in den Marken gespeichert und zu Analysezwecken verwendet werden.[26]

Trotz dieser Möglichkeit, Petri-Netze hinsichtlich Struktur, Zeit oder beliebiger anderer Größen hin zu simulieren und sogar zur automatischen Ausführung zu bringen, liegt es wohl daran, dass professionelle Werkzeuge zur Modellierung und kooperativen Bearbeitung von Petri-Netzen fehlen, dass sie in der Praxis nur eine untergeordnete Rolle spielen. Trotzdem tragen sie ganz wesentlich zu einem grundlegenden Prozessverständnis bei und

---

[22] Das ist die Summe der Bearbeitungszeiten der einzelnen Aktivitäten.

[23] Es gibt unterschiedliche Ansätze, um Marken in Petri-Netzen zu unterscheiden. Der einfachste Ansatz ist sie einzufärben. (Siehe hierzu (Jensen 1992).) Allgemeiner und sehr gut mit Methoden moderner Datenbanken zu kombinieren ist, die Marken als Tupel bzw. Datensätze einer Datenbank zu interpretieren. So erlaubt dieser Ansatz, der auf (Genrich und Lautenbach 1981) bzw. (Genrich 1987) zurückgeht, auch den Prozessverlauf über die Markenwerte zu steuern. Hierzu sind logische Entscheidungsregeln in den Transitionen der Petri-Netze zu formulieren.

[24] Siehe hierzu etwa (Ramchandani 1974) oder (Merlin 1974).

[25] Konkrete Analyseansätze findet man hierzu in (Hanisch 1992).

[26] Vertiefend wird dies in (Lautenbach und Simon 1999) und (Simon 2001) behandelt.

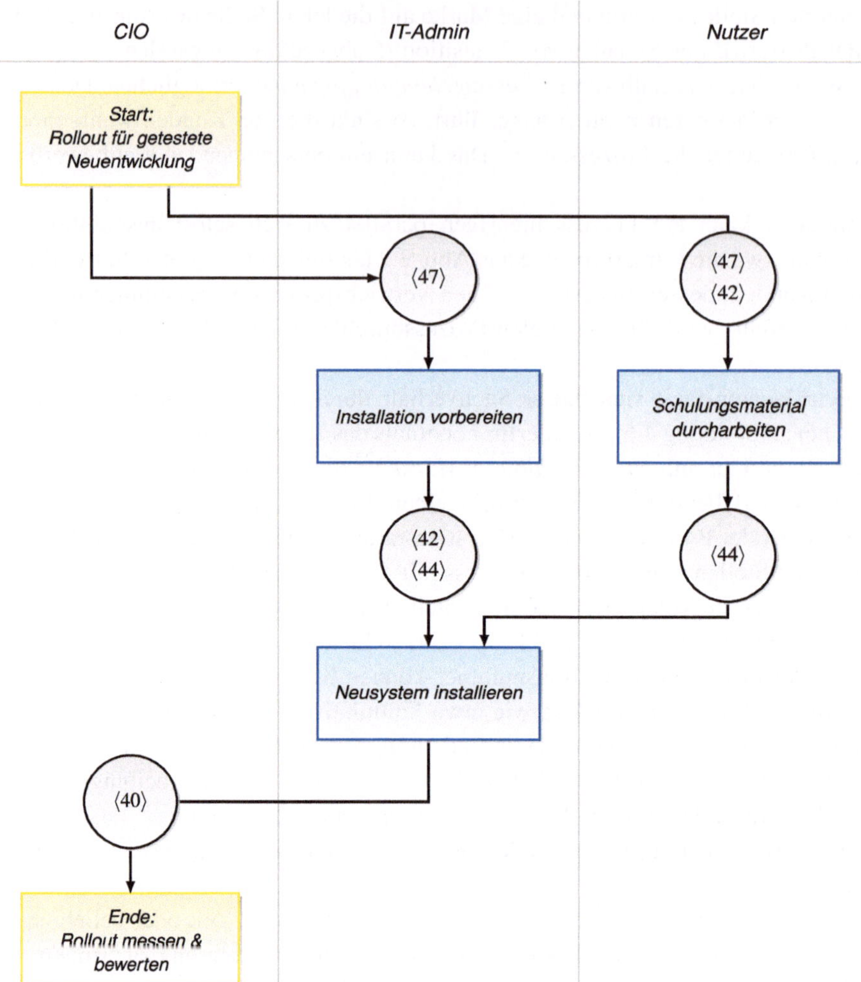

Abb. 4.6 Unterscheidbare Marken zeigen das parallele Ausführen von Prozessen im Beispiel aus Abb. 4.4

können methodisch zur Vorbereitung von *Workflow Managementsystemen*, in denen Prozesse automatisiert werden, genutzt werden.

4.2 Prozesse aus Sicht ihrer Engpässe

Während die zu Beginn dieses Kapitels vorgestellten Verfahren (Kaizen & Six Sigma) eher zu lokalen Optimierungen führen, zielt der mit der *Theory of Constraints* vorgestellte

Ansatz auf eine unternehmensweite Optimierung.[27] Ziel ist die Erhöhung des *Durchsatzes* und damit der Gesamtproduktivität. Ein *Constraint* ist ein Engpass in einem Prozess, der die Leistung des Gesamtunternehmens beschränkt. Dessen Beseitigung hat eine starke Hebelwirkung und steigert Leistungsfähigkeit und Gewinn eines Unternehmens.[28]

Neben dem Durchsatz werden nach der Theory of Constraints *Bestände & Investitionen* sowie *Betriebskosten* als zentrale Kennzahlen zur Unternehmenssteuerung angesehen. Sie werden dem Durchsatz jedoch nachgeordnet, so dass statt einer Kostenrechnung eine *Durchsatzrechnung empfohlen wird.*[29]

Durchsatz (*D*) ist die Differenz zwischen dem Verkaufserlös (V) (also dem vom Kunden für das Produkt oder die Dienstleistung bezahlten Betrag) und den für diesen Verkaufserlös anfallenden tatsächlich variablen Kosten (*TVK*) (die gegenüber Lieferanten für Produkte und Leistungen bezahlten Beträge. Löhne sind keine *TVK* und werden in der Kostenrechnung umgelegt), also

$$D = V - TVK$$

Bestände & Investitionen (*BI*) umfassen das *Umlaufvermögen* und *Anlagevermögen*.[30]

Betriebskosten (*BK*) umfassen Betriebsausgaben jenseits der *TVK*, also etwa Gehälter, Miete und Zinsen.

Aus diesen Kenngrößen lässt sich nun der Erfolg eines Unternehmens bestimmen. Als Kenngrößen werden hierzu maßgeblich *Nettogewinn*, *Return on Investment*, *Produktivität* und *Investitionsumschlag* verwendet:[31]

Nettogewinn (*NG*) ergibt sich aus der Differenz von Durchsatz und Betriebskosten

$$NG = D - BK$$

Return on Investment (*RoI*) ergibt sich aus dem Verhältnis von Nettogewinn zu Beständen & Investitionen

$$RoI = \frac{NG}{BI}$$

[27] Die Theory of Constraints wird in (Goldratt und Cox 2010) anschaulich in Form eines Romans erklärt.

[28] Siehe hierzu (Techt 2006, S. 16).

[29] Siehe hierzu (Techt 2006, S. 23ff).

[30] Zum Umlaufvermögen zählen Vermögenswerte, die kurzfristig verfügbar sind flüssige Mittel, Debitoren (also offene Rechnungen der Kunden) sowie Lagerbestände und Vorräte. Zum Anlagevermögen zählen Sachanlagen und immaterielle Vermögensgegenstände, die in der Regel nicht kurzfristig veräußert werden können. (Siehe (Cristea et al. 2007, S. 158ff).)

[31] Siehe hierzu (Techt 2006, S. 25ff).

Produktivität (*P*) ergibt sich aus dem Verhältnis von Durchsatz zu den Betriebskosten

$$P = \frac{D}{BK}$$

Investitionsumschlag (*IU*) ergibt sich aus dem Verhältnis von Durchsatz zu den Beständen & Investitionen und drückt aus, wie schnell Investitionen (in Bestände und Anlagen) umgeschlagen werden

$$IU = \frac{D}{BI}$$

Wenn die Erhöhung des Durchsatzes aber Voraussetzung zur Steigerung des Unternehmenserfolgs ist, so braucht es ein *Vorgehensmodell, um Störungen des Durchsatzes zu verhindern*. Hierzu geht man in fünf Schritten vor:[32]

1. Engpässe des Systems suchen
2. Entscheiden, wie die Engpässe am besten genutzt werden
3. Alles andere dieser Entscheidung unterordnen
4. Engpässe des Systems entlasten
5. Hat sich durch die vorhergehenden Schritte ein Engpass aufgelöst, so ist erneut mit dem ersten Schritt zu beginnen

Wenn Engpässe also die entscheidenden limitierenden Faktoren für das Gesamtsystem darstellen, ist es entscheidend, diese zu entlasten. Optimierungen an anderer Stelle werden im Vergleich hierzu keinen signifikanten Erfolg haben – aus diesem Grund sind alle anderen Entscheidungen solchen zur Entlastung der Engpässe unterzuordnen. Da das Entfernen eines Engpasses zu neuen Engpässen führen wird, ist erneut nach Engpässen zu suchen, sobald ein bisheriger Engpass die Produktivität nicht mehr einschränkt.

Im Vergleich zwischen Lean Management und Theory of Constraints fallen folgende Aspekte auf:[33]

Geteilte Ressourcen Anders als Methoden des Lean Management, bei denen propagiert wird, Prozesse möglichst exklusiv mit Ressourcen auszustatten, unterstützt die Theory of Constraints auch die Optimierung von Prozessen, zwischen denen Ressourcen geteilt werden müssen.

Lokale vs. globale Optima Die Theory of Constraints zeigt, dass lokale Optima, die keine Engpässe beseitigen, zu sich vergrößernden Lagern und damit zu steigenden Kosten führen.

---

[32] Siehe hierzu (Goldratt und Cox 2010, S. 332).

[33] Siehe auch (Bicheno und Holweg 2009, S. 168ff), wobei die Autoren hier weitere Punkte nennen, bei denen aus ihrer Sicht eine Optimierung leichter mit Methoden des Lean Management gefunden werden könnte als mit Hilfe der Theory of Constraints.

Drum Buffer Rope (DBR) Zwischen den Arbeitsschritten empfiehlt die Theory of Constraints Zwischenlager so zu gestalten, dass die Engpässe des Prozesses ohne Verzögerung bestückt werden können ohne dabei überfüllt zu sein. Hierbei verwendet man das *Pull-Prinzip*.

Bei der Suche nach den Engpässen können die Prozesse mit Hilfe von zeitbewerteten Petri-Netzen modelliert und dann simuliert werden. Dabei kann insbesondere beobachtet werden, wie sich Bestände unfertiger und fertiger Produkte vor einzelnen Arbeitsschritten häufen bzw. Arbeitsschritte nicht kontinuierlich ausgeführt werden können, weil sie nicht ausreichend mit Ressourcen bzw. Arbeitsaufträgen versorgt werden. Die Theory of Constraints dient also nicht dazu zu untersuchen, wie sich ein einmaliger Prozessablauf optimieren lässt, sondern wie das parallele Bearbeiten mehrerer *Prozessinstanzen* eines Prozesses mit den vorhandenen Ressourcen bewerkstelligt werden kann.

4.3 Prozesse automatisieren

Gerade hochfrequente Prozesse brauchen Informationstechnologie und ein Informationsmanagement, um effizient gesteuert zu werden. Ein *Workflow Management System* dient dazu, die unterschiedlichen Prozesse gemäß ihrer Prozessdefinition automatisiert zu steuern oder auszuführen.[34] Zentrale Komponente hierbei ist ein *Workflow Enactment Service*,[35] der, wie in Abb. 4.7 dargestellt, dafür sorgt, dass die unterschiedlichen *Prozessinstanzen* auch zuverlässig entlang der Prozessdefinitionen geführt werden – man spricht dann von einem *Workflow*.

Gegenüber dem im ersten Kapitel vorgestellten Rollenmodell verlangt die Automatisierung von Prozessen in Workflows weitere Rollen und auch ein erweitertes Vorgehensmodell, welches Abb. 4.8 zeigt. Nach *Prozessmodellierung* und *Prozessanalyse* folgt nun die Präzisierung der Prozessmodelle bei der *Workflowmodellierung* derart, dass die Prozesse auch ausgeführt werden können. Da ausführbare Modelle mathematisch präzise beschrieben sein müssen, lassen sich diese auch *simulieren und analysieren*. Eine geeignete Modellierungssprache für diesen Zweck wurde in Abschn. 4.1 vorgestellt. Die Ergebnisse von Simulation und Analyse ermöglichen auch die *Optimierung der Workflows*. Werden die *Workflows zur Ausführung* gebracht, lässt sich dies *monitoren*. Die Beobachtungen lassen sich (wie eine Simulation mit Echtzeitdaten) zur Workflowoptimierung nutzen. Die Aspekte der *Prozessrestrukturierung* (aufgrund der Prozessanalyse) sowie die *Strategieentwicklung* gelten hier natürlich auch.

Die Präzisierung der Prozessmodelle so, dass diese automatisch ausgeführt werden können, ist üblicherweise keine Aufgabe für Prozesseigner. Das in Abb. 4.8 gezeigte Rollenmodell sieht daher zusätzlich die Rollen *Workflowmodellierer* sowie für die Umsetzung im Workflow Management System die Rolle *Softwareentwickler* vor.

[34] In Anlehnung an (Hansen und Neumann 2009, S. 573) und (Mertens et al. 2005, S. 32).

[35] Siehe hierzu auch (Hollingsworth 1995, S. 9).

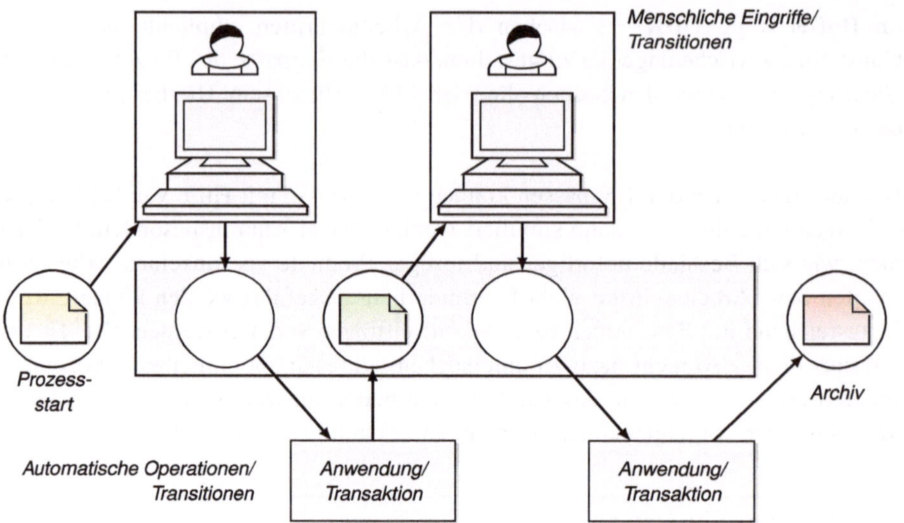

Abb. 4.7 Workflow Enactment Service als Petri Netz: Der gelbe Prozess steht am Anfang, der grüne Prozess ist in der Ausführung und der rote Prozess ist bereits archiviert

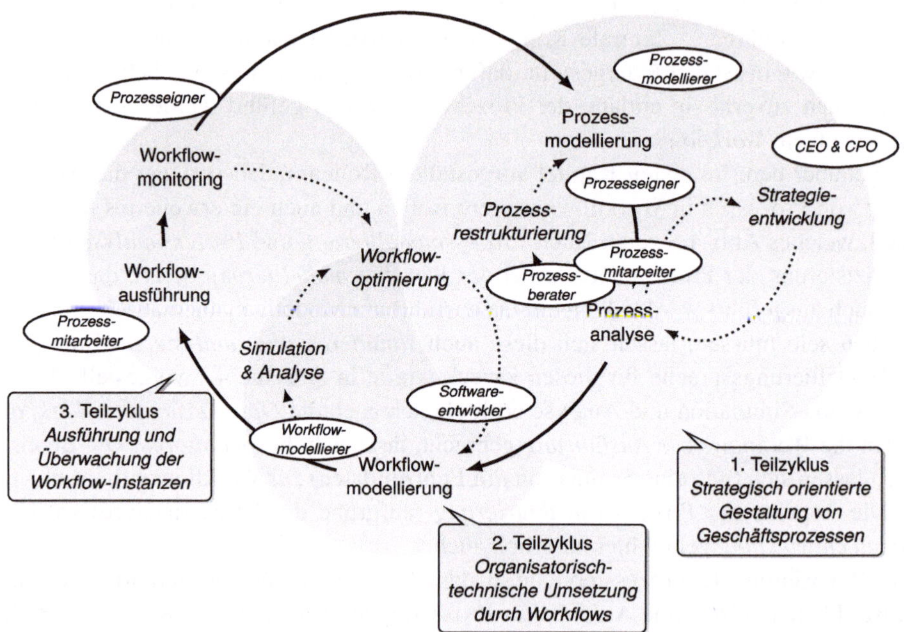

Abb. 4.8 Idealtypisches Phasenmodell inkl. Rollenzuordnung (Gadatsch 2009, S. 40)

Die *Bewertung einzelner Prozesse* und *des Prozessmanagements im Ganzen* thematisiert Kap. 5. In einer vereinfachten Vorgehensweise können der *Ergebnisbeitrag* sowie die

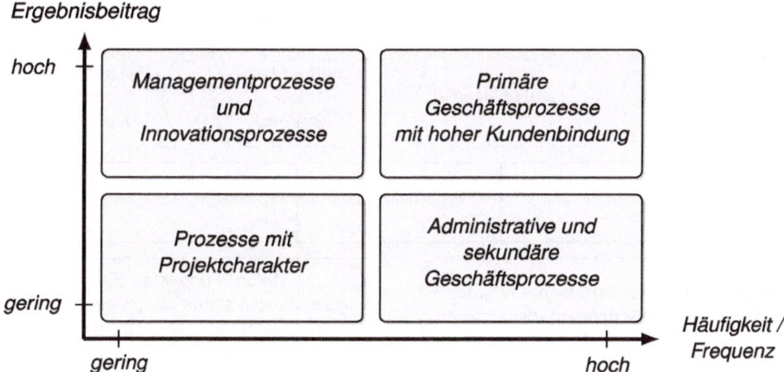

Abb. 4.9 Beispielhafte Klassifizierung von Workflows

Häufigkeit bzw. *Frequenz* von Prozessen analysiert und zueinander in Beziehung gesetzt werden.[36] Im Ergebnis kann, wie in Abb. 4.9 gezeigt, eine Priorisierung der zu automatisierenden Prozesse vorgenommen werden, wobei die im oberen rechten Quadranten angeordneten Prozesse die höchste Aufmerksamkeit haben sollten.

Informationssysteme dienen aber längst nicht mehr nur als Werkzeuge zur Automatisierung von Prozessen. Vielmehr ermöglichen sie neue Geschäftsmodelle bzw. erlauben diese auszuweiten. Beispiele hierfür sind die zahlreichen Online-Plattformen und Vertriebskanäle, die etwa den Handel mit Büchern und Musik oder den Handel mit Gebrauchtwaren in den letzten Jahren komplett verändert haben. Es finden sich zudem Beispiele, bei denen bestehende Geschäftsmodelle erweitert wurden, die unter dem Begriff *hybride Wertschöpfung* zusammengefasst werden. Unter einem *hybriden Produkt* versteht man eine auf die Bedürfnisse des Kunden ausgerichtete individuelle Problemlösung, die aus einem Mix aus „klassischem“ Produkt und Dienstleistungen besteht.[37] Fasst man diesen Begriff weiter, so sind die Kunden aktiv in die Leistungserstellung zu integrieren.[38] Hybride Wertschöpfungsketten setzen aber voraus, dass Unternehmen prozessorientiert arbeiten und automatisierte Prozesse unter Verwendung von Internet-Technologien beherrschen.[39]

Insgesamt kommt es damit sowohl bei der Automatisierung hochfrequenter Prozesse als auch bei einer Realisierung hybrider Wertschöpfung zu einer wechselseitigen Beeinflussung von Geschäftssphäre und Informationstechnik eines Unternehmens.[40] Diese ist in Abb. 4.10 dargestellt: Ausgangspunkt ist ein strategischer Managementprozess,

---

[36] In Anlehnung an (Leymann und Roller 2000, S. 10).

[37] Siehe hierzu (Korell und Ganz 2000, S. 154).

[38] Siehe hierzu (Spath und Demuß 2003, S. 476).

[39] Siehe hierzu zahlreiche Beispiele in (Ganz und Bienzeisler 2010).

[40] Siehe hierzu auch (Krcmar 2005, S. 30).

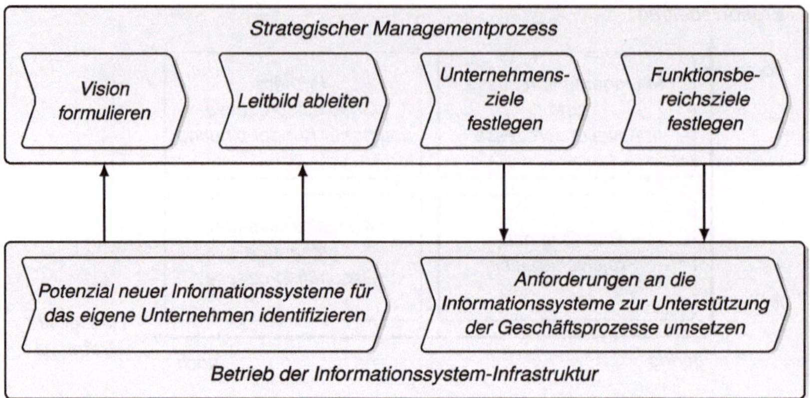

Abb. 4.10 Informationssysteme zur Unterstützung bestehender und Ermöglichung neuer Prozesse

der schrittweise aus der *Vision* das *Unternehmensleitbild*, danach die *Unternehmensziele* und *Geschäftsbereichsziele* bis hin zu den *Funktionsbereichszielen* ableitet.[41] Die *Anpassung* der *Informationssystemarchitektur* aufgrund dieser Ziele dient dem Aufbau einer an die Geschäftsbedürfnisse ausgerichteten, also effektiven IT-Organisation und Bereitstellung von Informationssystemen.[42] Die vorhandene *Informationssystemarchitektur begrenzt* aber auch die potentiell einsetzbare *Informationstechnologie*. Dies kann dazu führen, dass bei der *strategischen Planung* die Art und Weise, wie *Informationstechnologie* in einer sich verändernden Umwelt genutzt wird, nur unzureichend berücksichtigt wird. Dies würde etwa neue Distributionsformen oder flexiblere Produktionsverfahren verhindern. Aus diesem Grund muss auch immer das Potenzial neuer Informationssysteme für das Unternehmen analysiert werden mit der Option, dass sich dies auf die *strategische Planung* auswirkt.

4.4 Neue Geschäftschancen durch Prozesse

Ebenso, wie Informationssysteme neue Prozesse ermöglichen, ermöglichen diese wiederum neue *Geschäftschancen*. Diese lassen sich mit Hilfe von *Geschäftsmodellen* darstellen.[43] Prozesse werden zunehmend als ein Managementkonzept wahrgenommen, das Innovationen ermöglicht.[44] Geschäftsmodelle werden dann, wie in Abb. 4.11 dargestellt,

[41] Zum Prozess der strategischen Zielbildung siehe (Bea und Haas 2013, S. 72ff).

[42] (Herz et al. 2008, S. 70) beschreiben exemplarisch einen solchen Transformationsprozess. Mit Fokus auf Software beschreiben (Engels et al. 2008, S. 115–120) die Ableitung einer Architekturleitlinie aus den Geschäftszielen.

[43] Siehe hierzu etwa (Wirtz 2010, S. 105).

[44] Siehe hierzu zahlreiche Beispiele etwa in (Scheer et al. 2004).

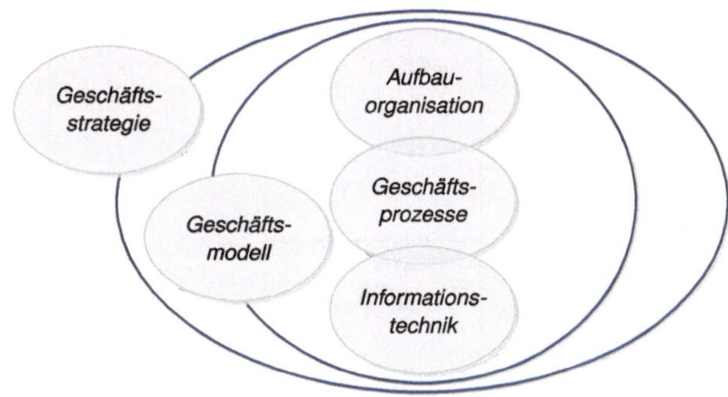

Abb. 4.11 Das Geschäftsmodell verbindet Geschäftsstrategie und umsetzenden Geschäftsprozess

als Mittler zwischen Strategie und Prozessen angesehen, die zudem in Informationssystemen umgesetzt werden müssen.[45]

Eine besonders kompakte Darstellungsart für Geschäftsmodelle ist der *Business Model Canvas* aus Abb. 4.12.[46] Dessen zentrale Komponente ist das *Wertversprechen*, das den identifizierten *Kundensegmenten* gemacht wird. Hinsichtlich der Kunden werden Aufbau und Pflege von *Kundenbeziehungen*, also das *Customer Relationship Management*, unterschieden von der Etablierung von *Verkaufskanälen*, die beschreiben, wie das Produkt oder die Dienstleistung zum Kunden kommt. Auf der anderen Seite werden *Kooperationspartner* und weitere *Schlüsselressourcen* benannt. Ferner werden *Kernaktivitäten* zur Erbringung des Wertversprechens dargestellt. Schließlich erlaubt der Business Model Canvas auch die mit einem Geschäftskonzept erzielbaren *Einnahmen* und die zu erwartenden *Ausgaben* darzustellen. Damit umfasst ein Business Model Canvas alle relevanten Informationen zu einer Geschäftsidee außer den Mitbewerbern und möglichen Substitutionsprodukten und -dienstleistungen.

Prozesse haben unmittelbare Auswirkungen auf die Umsetzung eines Geschäftsmodells und zwar hinsichtlich des Verfahrens, wie der Kundennutzen geschaffen wird. Ebenfalls wirken Prozesse auf die Kundenbindung und sind eng gekoppelt mit den Kernaktivitäten. Schließlich lässt sich die Anbindung der Kooperationspartner in Form einer *Supply Chain* darstellen, ist also ebenfalls stark durch Prozesse geprägt.[47]

Umgekehrt kann der Business Model Canvas auch dazu benutzt werden, den Wert und die kritischen Erfolgsfaktoren eines Prozesses zu erarbeiten. Abbildung 4.13 zeigt eine hierzu angepasste Version des Business Model Canvas. Im Zentrum steht der *Nutzen*, der für die *Prozesskunden* geschaffen wird.[48] *Prozesspromotoren* tragen innerhalb der Aufbauorganisation eines Unternehmens Verantwortung und können das Gelingen eines Prozes-

---

[45] Siehe hierzu auch (Al-Debei et al. 2008, S. 6).

[46] Siehe hierzu (Osterwalder und Pigneur 2011).

[47] Zum Begriff der Supply Chain siehe etwa (Arndt 2007).

[48] Die Prozesskunden sind nicht zwingend auch Kunden des Unternehmens; sie nutzen ganz allgemein die durch den Prozess erbrachte Dienstleistung bzw. das in dem Prozess erstellt Produkt. Es können also *interne* oder *externe* Kunden sein.

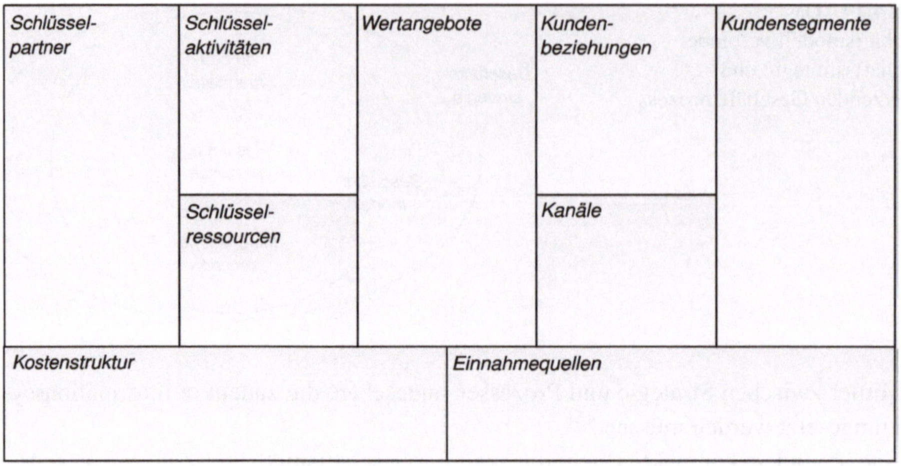

Schlüssel-partner
Schlüssel-aktivitäten
Wertangebote
Kunden-beziehungen
Kundensegmente
Schlüssel-ressourcen
Kanäle
Kostenstruktur
Einnahmequellen

Abb. 4.12 Business Model Canvas nach (Osterwalder und Pigneur 2011, S. 20ff)

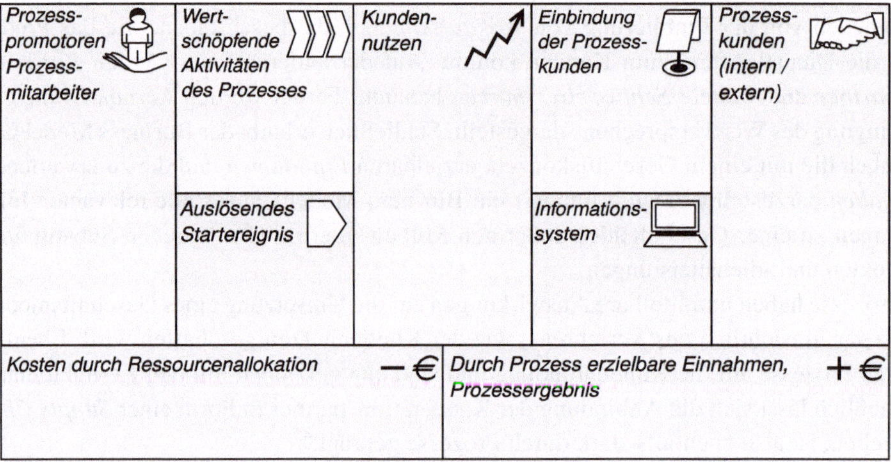

Abb. 4.13 Bewertungsmatrix zur Nutzenbestimmung von Prozessen

ses ermöglichen. Das können der Chief Executive Officer bzw. Chief Process Officer sein. Es können aber auch die Abteilungsleiter betroffener Abteilungen sein, die am Prozess beteiligt sind. Die Kernaktivitäten sind die *wertschöpfenden Aktivitäten eines Prozesses*. Ein wesentlicher Schlüssel ist die Fähigkeit, das *auslösende Startereignis* zu erkennen und den Prozess mit geschulten *Prozessmitarbeitern* durchführen zu können. Die *Prozesskunden sollten bei der Erhebung der Anforderungen zum Prozess eingebunden* sein, ebenso wie bei der Gestaltung des für die Prozessführung verwendeten *Informationssystems*. Den *durch den Prozess erzielten Einnahmen* und dem erzielten *Prozessergebnis* sind die hierfür eingesetzten *Ressourcen und deren Kosten* gegenüber zu stellen.

Die Verwendung des Business Model Canvas, um Geschäftschancen von Prozessen zu erkennen, eröffnet den Blick auf eine wertorientierte Betrachtung von Prozessen. Die Frage der Bewertung von Prozessen wird im folgenden Kap. 5 weiter vertieft.

4.5 Zusammenfassung

- Prozesse können hinsichtlich Effizienz und Effektivität intensiviert werden.
- Methoden wie Kontinuierliche Verbesserungsprozesse, Six Sigma oder Lean Management ermöglichen eine strukturierte Erarbeitung von Effizienzsteigerungen bei Prozessen. Hierzu bieten sie Methoden und eine vorstrukturierte Projektorganisation.
- Mit Petri-Netzen können simulierbare und ausführbare Prozessmodelle erstellt werden, über die sich der Ressourcenbedarf hochfrequenter Prozesse bestimmen lässt. Hierzu können Petri-Netze zusätzlich um eine Zeitkomponente erweitert werden.
- Mit der Theory of Constraints optimiert man Unternehmen entlang ihrer Engpässe. Maßgebliche Größen hierfür sind Durchsatz, Bestände und Investitionen sowie Betriebskosten.
- Zur Automatisierung von Prozessen verwendet man Workflow Management Systeme. Die eigentliche Steuerung übernimmt der Workflow Enactment Service. Dazu müssen Prozesse mathematisch genau beschrieben sein, damit sie vom Workflow-Management-Systems verstanden werden.
- Darüber hinaus werden Prozesse zunehmend als Ermöglicher neuer Geschäftschancen bewertet. Diese lassen sich in Geschäftsmodellen abbilden. Umgekehrt können Methoden zur Beschreibung von Geschäftsmodellen genutzt werden, um den Nutzen von Prozessen zu bestimmen.

5 Prozesse bewerten

Die Fragen, ob *Prozessmanagement* in angemessener Art und Weise etabliert ist bzw. ob *einzelne Prozesse* „gut" funktionieren, sind beide systematisch aber grundsätzlich unterschiedlich zu beantworten. Denn beide Fragen zielen auf sehr unterschiedliche Probleme. Bei der Frage nach der Güte des Prozessmanagements insgesamt geht es um *Effektivität*. Betrachtet man einzelne Prozesse, dann geht es zumeist um *Effizienz* und *Verbindlichkeit*.

Um also den *Prozessmanagement-Reifegrad* zu bestimmen, ist zu klären, wie die für das Prozessmanagement relevanten Rollen im Unternehmen verankert sind und wie der strategische Managementprozess implementiert ist, durch den die Prozesslandkarte aus der Unternehmensstrategie abgeleitet wird. Je nach gewähltem Reifegradmodell werden dann unterschiedliche Aspekte betrachtet. In den Abschn. 5.2, 5.3 und 5.4 werden mit dem *Business Process Maturity Model (BPMM)*, dem *Process and Enterprise Maturity Model (PEMM)* sowie dem *Reifegradmodell EDEN* drei entsprechende Ansätze vorgestellt.

Betrachtet man hingegen einzelne Prozesse, werden idealerweise die Prozesskunden[1] gefragt, inwieweit der Prozess Kundennutzen stiftet und die Kundenerwartungen erfüllt. Ist eine solche Befragung organisatorisch nicht möglich, kann diese Aufgabe auch von Auditoren übernommen werden. Es ist auch eine Bewertung im Rahmen einer kritischen Selbstbetrachtung möglich, sofern sie auf einem vordefinierten Kriterienkatalog basiert. Eine kritische Selbstbetrachtung sollte in jedem Fall noch durch eine Fremdbewertung abgesichert werden. Die Eigen- und Fremdbewertung mittels *Prozess Audits* wird in Abschn. 5.1 thematisiert. Eine vergleichende *Prozesswürdigung* wird schließlich in Abschn. 5.5 dargestellt.

Die Bewertung der eigenen Prozesse ist eine Kernaufgabe von Prozesseignern und daher Teil dieses Buchs. Das gilt nicht in gleichem Maße für die Bewertung der Prozessorganisation als Ganzes. Trotzdem ist es für Prozesseigner essentiell, den Reifegrad

[1] Das sind nicht zwangsläufig die Kunden des Unternehmens, sondern die Nutzer der Prozessleistung.

C. Simon, B. Hientzsch, *Prozesseigner*, Xpert.press,
DOI 10.1007/978-3-658-06460-0_5

ihrer Prozessorganisation und somit ihren persönlichen Handlungsspielraum einschätzen zu können.

Tatsächlich sind die Fragen nach der Reife der Prozessorganisation und der Güte einzelner Prozesse nicht voneinander zu trennen. Sie finden sich in den Zielen wieder, die eine Prozessorganisation verfolgen sollte:[2]

- Die Anzahl der an einem Prozess beteiligten Organisationseinheiten reduzieren
- Die Anzahl der zu durchlaufenden Hierarchien reduzieren
- Eine dezentrale Selbststeuerung der Mitarbeiter ermöglichen
- Komplexität und Aufwand reduzieren und Durchlaufzeiten kürzen

5.1 Eigen- und Fremdbewertung mit Hilfe von Fragebögen

Die Güte eines Prozesses lässt sich laufend über Kennzahlen oder mittels punktueller, strukturierter Bewertung bestimmen. Sinnvoll ist hierbei jeweils, dass Vergleichszahlen verfügbar sind, die ein *Benchmarking* ermöglichen. Die einfachste Form des Vergleichs ist die mit sich selbst, also inwiefern sich ein Prozess im Laufe der Zeit entwickelt. Bei einer strukturierten Bewertung wiederum sollte neben der *Eigenbewertung* auch die *Fremdbewertung* stehen.

Abbildung 5.1 unterscheidet den Reifegrad von Prozessen in fünf Stufen je nach Intensität des Managements. Die unterste Stufe umfasst die *Prozessdefinition* zur Erfüllung regulatorischer Anforderungen, die zweite Stufe die Zuweisung von *Verantwortlichkeiten* sowie die Bereitstellung von Ressourcen, die dritte Stufe die Festlegung von *Prozesszielen*, die vierte Stufe die Überprüfung dieser Ziele sowie die *Prozesssteuerung* im Falle einer Zielabweichung und die höchste Stufe eine kontinuierliche *Prozessoptimierung*.

Reifegrade lassen sich mit Hilfe eines Fragebogens bestimmen.[3] Dieser deckt alle fünf Reifegradstufen ab, da ein Unternehmen parallel an der Umsetzung mehrerer Reifegradstufen arbeiten kann. Bei der Frage nach der Umsetzung einzelner Aspekte[4] wird hierzu differenziert nach dem Reifegrad des *Konzepts bzw. der angestrebten Lösung*, dem erreichten *Umsetzungsgrad* sowie dem *Erfüllungsgrad*. Hierbei ist zu befürchten, dass diese Kriterienvielfalt zu einer Scheingenauigkeit führt, aus der sich nur schwer konkrete Handlungsempfehlungen ableiten lassen.

Abbildung 5.2 zeigt daher einen vereinfachten *Fragebogen* zum Prozess Assessment. Bei diesem werden die einzelnen Reifegradstufen in umgekehrter Reihenfolge (von niedrig nach hoch) durch wenige Fragen reflektiert. Aus einer *Eigensicht* und einer *Fremdsicht* sind hierzu die jeweiligen Fragen mit den Kategorien *nicht-relevant (n.r.)*, *nicht erfüllt (0)*, *teilweise erfüllt (1)*, *größtenteils erfüllt (2)* sowie *vollständig erfüllt (3)* zu bewerten –

[2] Siehe hierzu (Ahlrichs und Knuppertz 2010, S. 66).

[3] Siehe hierzu (Schmelzer und Sesselmann 2013, S. 378–383).

[4] So wird beispielsweise gefragt, ob die Prozessdokumentation relevanten Qualitätsvorschriften entspräche (Schmelzer und Sesselmann 2013, S. 379).

Stufe	Leistungs-niveau	Charakteristiken
5	Prozess-optimierung	• *Der Prozess wird kontinuierlich verbessert* • *Fallweise werden Prozesserneuerungen vorgenommen* • *Das Management unterstützt wirksam den Prozess* • *Es werden deutliche Leistungssteigerungen nachgewiesen*
4	Prozess-steuerung	• *Der Prozess wird laufend gemessen* • *Zielabweichungen werden laufend analysiert und führen zu Maßnahmen* • *Prozessberichte geben Auskunft über Zielerreichung*
3	Prozess-zielplanung	• *Leistungsparameter (Performance Process Indikators) sind festgelegt* • *Prozessziele sind aus den Geschäftszielen abgeleitet*
2	Prozess-verantwortung	• *Verantwortung und Rollen des Prozesses sind festgelegt und etabliert* • *Jeder Mitarbeiter hat über ein Prozessportal Zugriff auf Prozessdaten* • *Der Prozess ist effizient in der Organisation verankert*
1	Prozess-definition	• *Der Prozess ist identifiziert, dokumentiert, abgestimmt und freigegeben* • *Die Prozessdokumentation erfüllt die regulatorischen Anforderungen*

Abb. 5.1 Reifegradmodell für Prozesse (Schmelzer und Sesselmann 2013, S. 376)

durch die verwendete Skala wird eine tendenzielle Bewertung der Befragten erzwungen, ob das jeweilige Kriterium erfüllt ist oder nicht. Eine Reifegradstufe kann als erreicht angesehen werden, wenn alle ihr zugeordneten Fragen in Eigen- und in Fremdsicht mit *größtenteils erfüllt* oder *vollständig erfüllt* beantwortet werden können.

Als besonders herausfordernd darf wohl der Schritt von der ersten zur zweiten Reifegradstufe angesehen werden, insbesondere wenn eine Unternehmung getrieben durch Zertifizierungen oder ein starkes Qualitätsmanagement auf vollständige und immer aktuelle Dokumentationen hingearbeitet hat, ohne zugleich die Themen Effizienz und Verbindlichkeit verfolgt zu haben. Dies führt leicht dazu, dass die erstellten Dokumentationen als *Administrivialitäten*[5] empfunden werden. Tatsächlich sind Modelle geprägt durch *Abbildungsmerkmale*,[6] *Verkürzungsmerkmale*[7] sowie *pragmatische Merkmale*.[8,9] Modelle sind auf ihre Leser und Prozesskunden auszurichten.

[5] Der Begriff wird von deMarco (1998, S. 12) benutzt und beschreibt Versuche, Projektmanagement rein von Projektplanungstechniken her zu erklären.

[6] Diese beschreiben, *wovon* sie Modell sind.

[7] Diese legen fest, was die *relevanten Eigenschaften* eines modellierten Objektes sind.

[8] Diese legen fest, für *wen*, für *welchen Zeitraum* und zu *welchem Zweck* ein Modell entwickelt wird.

[9] Siehe hierzu (Stachowiak 1973, S. 131–133).

		Eigen-bewertung	Fremd-bewertung
Dokumentation	Ist der Prozess vollständig dokumentiert und freigegeben?		
	Ist der Prozess angemessen detailliert, verständlich und überschaubar beschrieben?		
	Ist die Anpassung der Dokumentation bei Änderungen sichergestellt?		
	Ist die Prozessdokumentation geeignet, die Einhaltung relevanter Regelwerke sicherzustellen?		
	Wurden auf Basis dieser Anforderungen Zweck und Ziele des Prozesses abgeleitet?		
Ressourcen & Verantwortung	Sind die im Prozess festgelegten Rollen mit Aufgaben, Verantwortung und Befugnissen geregelt und kommuniziert?		
	Sind die Prozessbeteiligten für ihre Aufgaben hinreichend qualifiziert?		
	Verfügt der Prozesseigner über ausreichende Ressourcen und Befugnisse, um seine Aufgabe angemessen zu erfüllen?		
Leben & Compliance	Wird der Prozess entsprechend der gültigen Dokumentation "gelebt"?		
	Sind die Schnittstellen mit anderen Einheiten / Prozessen geregelt und in der Praxis effizient umgesetzt?		
	Wird die Zielerreichung (Kundenzufriedenheit, Termineinhaltung, Qualität der Ergebnisse) vom Prozesseigner regelmäßig geprüft?		
Messen & Steuern	Sind die Prozesskennzahlen systematisch aus den Prozesszielen abgeleitet?		
	Sind die Prozesskennzahlen in Kennzahlensteckbriefen definiert?		
	Werden die Prozesskennzahlen regelmäßig gemessen, reportet, ggf. Maßnahmen abgeleitet und nachweisbar dokumentiert?		
	Werden die Prozesskennzahlen regelmäßig auf ihre Eignung hin überprüft?		
Optimierung	Wird der Prozess regelmäßig auf Verbesserungspotenziale und geänderte Anforderungen geprüft und werden Optimierungen abgeleitet?		
	Sind Prozessoptimierungen Teil von Zielvereinbarungen?		
	Sind die Prozessbeteiligten in die Optimierung eingebunden?		
	Werden die Verbesserungsmaßnahmen systematisch abgearbeitet?		
	Werden (Prozess)-Benchmarks durchgeführt?		

Abb. 5.2 Fragebogen für ein Prozess-Assessment

In dem in Abb. 5.2 vorgestellten Fragebogen wird nur mit der elften Frage eine *Verbindung zu den Prozesskunden* geschaffen. Tatsächlich ist deren Zufriedenheit abhängig

Dimension	Kennzahlen zur Messung innerhalb der Dimension
Zeit	*Prozessdurchlaufzeit; Liefergeschwindigkeit; Schulungszeiten*
Qualität	*Produkt-Performance; Produkt-Verlässlichkeit; Lieferzuverlässigkeit; „once-and-done"-Quote; Fehlerquote*
Flexibilität	*(Mengen-)Flexibilität; Produktneueinführung; Produktinnovation; Prozessinnovation*
Kunden-zufriedenheit	*Image; Service; Kundenintegration; konstante Ansprechpartner; kompetente Ansprechpartner; Weiterempfehlungsrate; Kundentreueindex; Cross-Buying Bereitschaft*

Abb. 5.3 Kriterien für die Zufriedenheit von Prozesskunden

vom Prozesszweck. Abbildung 5.3 gibt einen Orientierungsrahmen, um prozessorientierte Kriterien für die Bestimmung der Zufriedenheit von Prozesskunden zu identifizieren.[10]

Die Kriterien sind regelmäßig zu hinterfragen, wenn sich der Zweck eines Prozesses oder seines Modells ändert. Wird modelliert, um Zertifizierungsauflagen zu erfüllen, oder um einen Prozess optimierend zu steuern? Mit einem sich ändernden Zweck ändern sich auch Art und Detaillierung der Prozessmodelle. Insbesondere wenn ein Unternehmen einen höheren Prozessmanagement-Reifegrad anstrebt, sind die strategisch relevanten Prozesse neu zu betrachten.

Die folgenden Prozessmanagement-Reifegradmodelle greifen die Überlegungen zum Reifegrad einzelner Prozesse auf und verallgemeinern diese.

5.2 Business Process Maturity Model

Zwischen Informatik und Prozessmanagement gibt es zahlreiche Berührungspunkte: Die Automatisierung von Prozessen muss durch Informationstechnik unterstützt werden. Auch gibt es zahlreiche Parallelen bei der Beschreibung von Prozessen in der Informatik und im Prozessmanagement. In beiden Disziplinen ist zu beobachten, wie zahlreiche Unternehmen neue Managementformen erst lernen müssen. In der Informatik fasst man diese Probleme unter dem Begriff *Softwarekrise* zusammen.[11] Als Antwort entwickelten sich Rei-

[10]Die Kriterien sind aus dem Kennzahlenschema in Abb. 2.4 auf S. 21 abgeleitet.

[11]Siehe (Sommerville 2011, S. 29), ausgehend aus dem Buch von Humphrey (1989).

fegradmodelle zur Beurteilung der Managementorientierung von Softwareherstellern.[12] Besondere Beachtung fand das *Capability Maturity Model Integration (CMMI)*.[13]

Das *Business Process Maturity Model (BPMM)* erweitert den CMMI-Gedanken auf beliebige Organisationen und überträgt die Erfahrungen bei der Entwicklung von Softwaresystemen auf Probleme bei der Implementierung eines funktionierenden Prozessmanagements.[14] Unterschieden werden hierbei die fünf in Abb. 5.4 gezeigten Reifegradstufen *anfänglich*, *organisiert*, *standardisiert*, *vorhersehbar* und *optimierend*.

Beim *Übergang* von der ersten zur zweiten Reifegradstufe werden *wiederholbare* Verfahren etabliert, die für das Erreichen der dritten Stufe zu *standardisieren* sind. Hierzu müssen steuernde Prozesskennzahlen definiert und im Prozessgeschehen implementiert sein. Ab dieser Stufe werden Prozesse *gemanagt*. In der vierten Stufe sind die Abläufe *quantitativ analysierbar* und die Gesamtheit der Prozesse ist *geplant organisiert*. Benötigte Ressourcen und Potenziale können für die Prozesse vorhergesagt werden. Das Erreichen der letzten Stufe führt zu *fortlaufend verbesserten* Verfahren und Leistungen und somit einem Innovationsmanagement.[15]

Thematisch werden die Reifegradstufen in *Prozessbereiche* untergliedert. Jedem Prozessbereich sind *Bereichsziele* zugeordnet, über die das Erreichen der jeweiligen Reifegradstufe differenziert abgefragt werden kann. Ferner wird mit Hilfe von *Teilaktivitäten* beschrieben, wie die Bereichsziele konkret erreicht werden können.[16]

Insgesamt wird deutlich, dass sich die Themen der Prozessbewertung aus Abschn. 5.1 im Business Process Maturity Model wiederholen. Grob ist hierbei eine Entwicklung von unstrukturiert und zufällig über organisiert und gemanagt hin zu optimierend und innovativ zu beobachten. Die konkreten Themenstellungen variieren dabei naturgemäß, wenn einzelne Prozesse oder das Prozessmanagement als Ganzes betrachtet werden.

5.3 Process and Enterprise Maturity Model

Das *Process and Enterprise Maturity Model (PEMM)* kombiniert die Bewertung einzelner Prozesse und des Prozessmanagementsystems in einem einzelnen Referenzmodell.[17] Beide können jeweils über strukturierte Fragebögen bewertet werden.

[12] Siehe hierzu (Hamilton 2008, S. 50).

[13] Siehe hierzu etwa (Hamilton 2008, S. 50ff).

[14] Siehe hierzu die Veröffentlichung der OMG Group (2008), einem Industriekonsortium zur Entwicklung von Standards in der Informationstechnik und im Informationsmanagement.

[15] Siehe hierzu (Hogrebe und Nüttgens 2009, S. 19).

[16] Siehe hierzu (Hogrebe und Nüttgens 2009, S. 18).

[17] Siehe hierzu (Hammer 2007).

Reifegradstufe	Prozessbereiche
5. Optimierend	• *Unternehmensweite Verbesserungsplanung* • *Unternehmensweite Leistungsausrichtung* • *Fehler- und Problemvermeidung* • *Kontinuierliche Verbesserung der Kompetenzen* • *Unternehmensweite Innovationssteigerung* • *Unternehmensweit optimierter Ressourceneinsatz*
4. Vorhersagbar	• *Unternehmensweite Vermögensverwaltung* • *Unternehmensweites Kompetenz- und Leistungsmanagement* • *Produkt- und Prozessintegration* • *Quantitatives Produkt- und Leistungsmanagement* • *Quantitatives Prozessmanagement*
3. Standardisiert	• *Unternehmensweites Prozessmanagement* • *Unternehmensweite Kompetenzentwicklung* • *Unternehmensweites Ressourcenmanagement* • *Unternehmensweites Konfigurationsmanagement* • *Produkt- und Leistungsmanagement* • *Herstellungs- und Servicemanagement* • *Produkt- und Leistungsvorbereitung* • *Ressourceneinsatzplanung* • *Vertriebsmanagement* • *Produkt- und Leistungsunterstützung*
2. Organisiert	• *Unternehmensweite Prozesssteuerung* • *Organisierte Unternehmenssteuerung* • *Bereichsbezogenes Anforderungsmanagement* • *Bereichsbezogene Planungen und Vereinbarungen* • *Bereichsbezogene Überwachung und Steuerung* • *Bereichsbezogene Arbeitsleistung* • *Bereichsbezogenes Konfigurationsmanagement* • *Beschaffungsmanagement* • *Qualitätssicherung von Prozessen und Produkten*
1. Anfänglich	*keine Prozessbereiche*

Abb. 5.4 Zuordnung von Prozessbereichen zu Reifegraden nach (Hogrebe und Nüttgens 2009, S. 21)

Die Reifegradbestimmung für Prozesse erfolgt hinsichtlich der folgenden übergeordneten Erfolgsfaktoren, die dann in zwei bis drei weitere Faktoren verfeinert werden:[18]

Prozessdesign Die Verständlichkeit der Prozessbeschreibung
Mitarbeiter Die Fähigkeiten und Kenntnisse der Mitarbeiter, die den Prozess ausführen
Verantwortung Eine Zuordnung der Prozessverantwortung zu einem leitenden Angestellten bzw. Prozesseigner

[18]In Anlehnung an (Hammer 2007).

Infrastruktur Die Ausprägung der Informations- und Management-Systeme zur Prozessunterstützung

Kennzahlen Die Verwendung von Kennzahlen zur Bestimmung der Prozess-Performance

Zu jedem dieser Faktoren sind Aussagen formuliert, die einer von vier erreichbaren Reifegradstufen (P-1 bis P-4) zugeordnet sind. Daraus ergibt sich – analog zu den zuvor dargestellten Reifegradmodellen – eine Unterscheidung in insgesamt fünf Reifegradstufen. Gilt eine Aussage weitestgehend (zu mindestens 80 %), dann ist hinsichtlich des überprüften Erfolgsfaktors die entsprechende Reifegradstufe *erreicht*. In diesem Fall wird das entsprechende rechts stehende Kontrollfeld grün eingefärbt. Ist sie weitestgehend falsch (weniger als 20 %), dann ist auch die entsprechende Reifegradstufe *nicht erreicht* und das rechts stehende Kontrollfeld wird rot eingefärbt. Andernfalls gilt die Reifegradstufe als *teilweise erreicht* und das Kontrollfeld wird gelb eingefärbt. Insofern erfolgt eine Bewertung eines Prozesses hinsichtlich der Erfolgsfaktoren von einem (eigentlich nicht vorhandenen) Leistungsniveau *zufällig* bis hin zu *erstklassig*. Abbildung 5.5 zeigt die tabellarische Darstellung des Fragebogens.

Eine Bewertung von Unternehmen erfolgt nach einem analogen Schema, wobei natürlich andere Erfolgsfaktoren zum Tragen kommen, welche dann wiederum in bis zu vier Unterfaktoren verfeinert werden:[19]

Führung Förderung von Prozessmanagement durch das Topmanagement

Unternehmenskultur Stellenwert von Kundenorientierung, Teamfähigkeit, Eigenverantwortung und Veränderungsbereitschaft

Kompetenz Fähigkeiten und Methoden für die Prozessgestaltung

Steuerungssystem Befähigung zum Managen komplexer Projekte und von Veränderungsprozessen

Auch hier lassen sich vier erreichbare Reifegradstufen (E-1 bis E-4) unterscheiden. Das Beurteilungsverfahren orientiert sich dabei an dem zur Prozessbewertung. Abbildung 5.6 zeigt die tabellarische Darstellung des Fragebogens zur Bewertung des Prozess-Reifegrades von Unternehmen.

5.4 Reifegradmodell EDEN

Auch das *Reifegradmodell EDEN Maturity Model for BPM (EDEN)* untersucht das Prozessmanagementsystem ebenso wie einzelne Prozesse. Die hierbei untersuchten *Erfolgsfaktoren* werden in 170 Einzelkriterien aufgeschlüsselt und neun *Dimensionen* zugeordnet.[20] Ziel einer EDEN-Reifegradanalyse ist es, mittelfristige und langfristige Ziele für

[19] In Anlehnung an (Hammer 2007).

[20] Siehe hierzu (Allweyer und Knuppertz 2009, S. 5).

erfüllt | teilweise erfüllt | nicht erfüllt

		Level 1	Level 2	Level 3	Level 4	1	2	3	4
Prozessdesign	Zweck					☐	☐	☐	☐
	Schnittstellen					☐	☐	☐	☐
	Dokumentation					☐	☐	☐	☐
Mitarbeiter	Wissen					☐	☐	☐	☐
	Fähigkeiten					☐	☐	☐	☐
	Verhalten					☐	☐	☐	☐
Verantwortung	Identifikation					☐	☐	☐	☐
	Aktivität					☐	☐	☐	☐
	Autorität					☐	☐	☐	☐
Infrastruktur	Informationssysteme					☐	☐	☐	☐
	Personalmanagement					☐	☐	☐	☐
Kennzahlen	Definition					☐	☐	☐	☐
	Verwendung					☐	☐	☐	☐

Aussagen zur Überprüfung des Reifegrades in Bezug auf den jeweils links stehenden Erfolgsfaktor

Abb. 5.5 Schema der Reifegradbestimmung von Prozessen nach PEMM

das Prozessmanagement abzuleiten.[21] Dargestellt werden diese in einer *Positionierungsmatrix* mit den Dimensionen *Fortschritt* und *Vorgehen* und den vier Matrixfeldern *Sumpf*, *Wiese*, *Feld* und *Garten*. Langfristiges Ziel ist es, unternehmensindividuell den „Garten EDEN“ zu erreichen.

Abbildung 5.7 zeigt beispielhaft die Darstellung der Analyse in einer Positionierungsmatrix. Hierbei sind die vier Felder wie folgt zu interpretieren:[22]

Sumpf Das Prozessmanagement steht erst am Anfang und ist auf einzelne Abteilungen beschränkt, d. h. Prozessmanagement wird nicht auf Initiative der Unternehmensleitung betrieben.

Wiese Auch hier steht das Prozessmanagement erst am Anfang. Allerdings wird das Thema durch die Unternehmensleitung befördert.

[21] Siehe hierzu (Schmelzer und Sesselmann 2013, S. 374).

[22] In Anlehnung an (Allweyer und Knuppertz 2009, S. 9).

erfüllt | teilweise erfüllt | nicht erfüllt

		Level 1	Level 2	Level3	Level 4	1	2	3	4
Führung	Beachtung								
	Verankerung								
	Führungsverhalten								
	Führungsstil								
Unternehmens-kultur	Teamarbeit								
	Kundenorientierung								
	Verbindlichkeit								
	Veränderungs-bereitschaft								
Kompetenz	Prozessexperten								
	Methoden								
Steuerungs-system	Prozessmodell								
	Verantwortlichkeit								
	Integration								

Aussagen zur Überprüfung des Reifegrades in Bezug auf den jeweils links stehenden Erfolgsfaktor

Abb. 5.6 Schema der Reifegradbestimmung von Unternehmen nach PEMM

Feld Es gibt (evtl. unterschiedliche) lokale Ansätze, Prozessmanagement zu betreiben, allerdings erfolgen diese Einzelinitiativen unkoordiniert, da die Unternehmensleitung das Thema nicht aktiv verfolgt.

Garten Prozessmanagement ist eingeführt und wird von der Unternehmensleitung gestützt und weiterentwickelt.

Die neun Dimensionen bzw. Erfolgsfaktoren, in die sich die insgesamt 170 Einzelkriterien einordnen lassen, beziehen sich auf die Gesamtorganisation und auf einzelne Prozesse gleichermaßen:[23]

Ziele Sind Prozessziele definiert und wird der Beitrag der Prozesse zur Kundenzufriedenheit und zum Unternehmensergebnis überprüft?

[23] In Anlehnung an (Allweyer und Knuppertz 2009, S. 5).

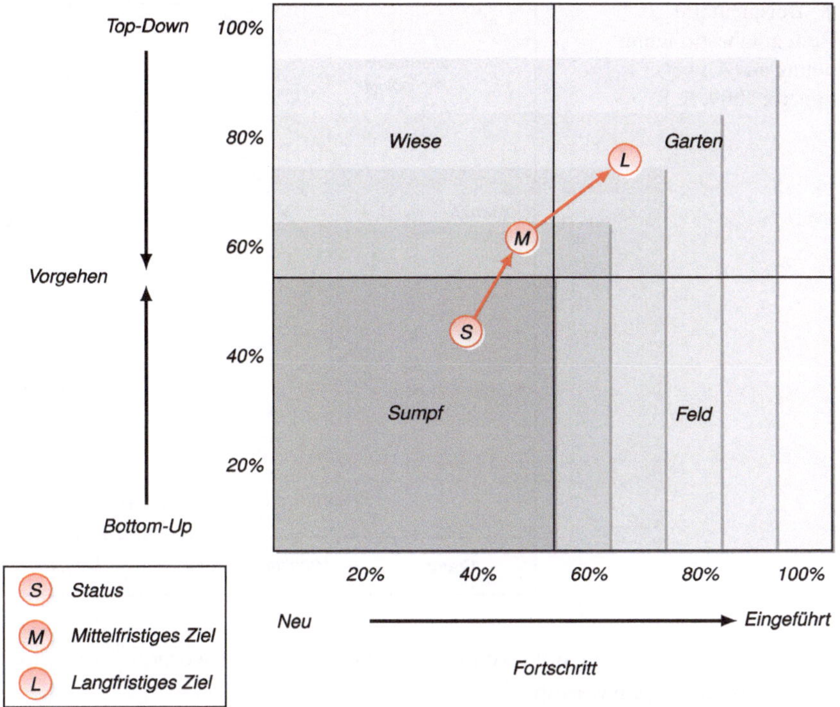

Abb. 5.7 Beispielhafte EDEN-Standardauswertung in einer Positionierungsmatrix (Allweyer und Knuppertz 2009, S. 10)

Strategie Ist Prozessmanagement aus der Unternehmensstrategie abgeleitet und wird es durch die Unternehmensführung unterstützt?

Methoden Werden geeignete Methoden angewandt?

Organisation Sind die für das Prozessmanagement relevanten Rollen in der Organisation verankert und gibt es eine Prozesskultur?

Messen Werden Prozessleistungen gemessen und werden die Prozesse mit Hilfe von Prozesskennzahlen gesteuert?

Kompetenzen Sind die Mitarbeiter gemäß ihrer Rollen geschult?

Kommunikation Werden Prozessmanagement-Maßnahmen und Ergebnisse gezielt an die (relevanten) Mitarbeiter kommuniziert?

Dokumentation Sind die relevanten Aspekte angemessen modelliert?

Informationstechnologie Ist die IT-Strategie auf das Prozessmanagement abgestimmt und werden die Prozesse effektiv durch IT unterstützt?

Anhand dieser Faktoren werden nicht nur die mittelfristigen und langfristigen Ziele bestimmt, sondern auch der Prozessmanagement-Reifegrad einer Organisation. Das EDEN Reifegradmodell unterscheidet sechs *Reifegradstufen* von *chaotisch* (Stufe 0) über *ansatzweise*, *fortgeschritten*, *durchgängig* und *gesteuert* bis hin zu *nachhaltig* (Stufe 5). Diese

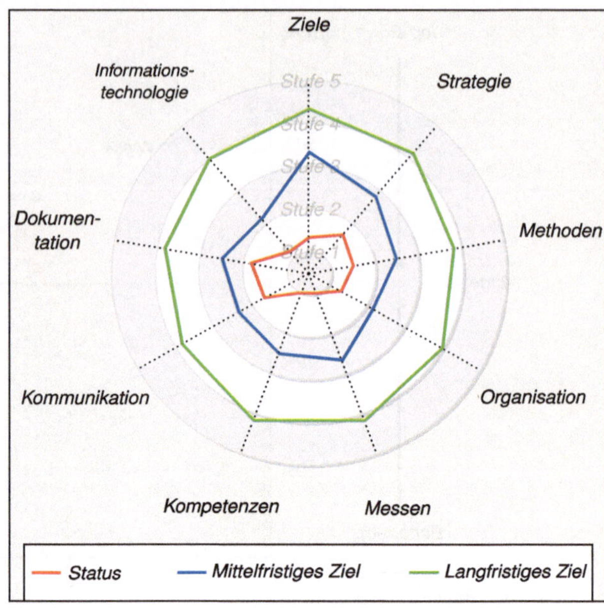

Abb. 5.8 Beispielhafte EDEN-Reifegradbestimmung in Anlehnung an (Allweyer und Knuppertz 2009, S. 8)

können hinsichtlich der Erfolgsfaktoren differenziert bestimmt werden.[24] Abbildung 5.8 zeigt eine beispielhafte Auswertung.

5.5 Prozesswürdigung

Die in den vorherigen Abschnitten vorgestellten Methoden ermöglichen eine strukturierte Bewertung einzelner Prozesse sowie der Prozessorganisation insgesamt. Maßgeblich ist hierbei der Grad der *Systematisierung*, also inwieweit ein Prozess oder eine Prozessorganisation geplant, mit Kennzahlen überprüft und gesteuert sowie kontinuierlich verbessert, kurzum gemanagt, ist. In diesem Sinne sind sie ein wichtiges Werkzeug, um Defizite der Organisation oder einzelner Prozesse aufzudecken und Gegenmaßnahmen abzuleiten.

Tatsächlich helfen die vorgestellten Methoden aber nicht, Prozesse hinsichtlich relevanter Kriterien zu vergleichen. Eine *Priorisierung* von Investitionen ins Prozessmanagement wird so nicht unterstützt. Das „Gießkannenprinzip", bei dem allen Prozessen die gleiche Aufmerksamkeit geschenkt wird, hat aber mindestens eine von zwei negativen Konsequenzen, die beide zu einer mangelnden Akzeptanz des Themas Prozessmanagement in Unternehmen führen können:

1. Die einzelnen Prozesse werden nur unzureichend mit finanziellen Mitteln zur Steigerung der Prozessorientierung ausgestattet. Dies führt zu einer „Minimalumsetzung" in

[24] Siehe hierzu (Allweyer und Knuppertz 2009, S. 7ff).

Form einer unternehmensweiten Dokumentation. Zwar mag diese einen Nutzen haben, wenn Zertifizierungen angestrebt werden, weswegen es für Unternehmen sinnvoll sein kann, zumindest über einen gewissen Zeitraum nach dem Gießkannenprinzip zu verfahren. Doch Effektivität, Effizienz und Verbindlichkeit erhöht man so nicht.

2. Doch selbst wenn ausreichend finanzielle Mittel zur Verfügung stünden, um Prozessmanagement mit all seinen Facetten einzuführen, würde diese flächendeckende Umsetzung eine Organisation hinsichtlich ihres eigentlichen Zwecks lähmen, für Kunden Produkte und Dienstleistungen zu produzieren und zu vertreiben.

Was also gebraucht wird ist ein Werkzeug zur Priorisierung von Prozessmanagement-Projekten in Unternehmen. Gezielt sollen dabei Prozesse ausgewählt werden, deren Bearbeitung im Sinne des Prozessmanagement einen hohen *Wertbeitrag*[25] liefern kann. Diese können als *Leuchtturmprojekte* einen wichtigen Beitrag leisten, Prozessmanagement im Unternehmen weiterzuentwickeln. Gleichzeitig kann auch der finanzielle Erfolg, der durch diese Projekte erzielt wird, zur Finanzierung weiterer Prozessmanagement-Projekte genutzt werden.

Ein solches Vorgehen ist insbesondere dann notwendig, wenn es schon Prozessmanagement-Initiativen gab, die weitestgehend im Schreiben von Dokumentationen stecken geblieben sind. Diese können in einem *Bottom-Up Ansatz* als Ausgangspunkt für eine Priorisierung dienen.[26] Gerade in diesem Fall ist ein möglichst einfaches und effizient durchführbares Verfahren notwendig. Denn eine Bewertung von möglicherweise mehreren hundert Prozessbeschreibungen nach den zuvor vorgestellten komplexen Verfahren zur Reifegradbestimmung wird von einer Geschäftsführung, die selbst erst noch vom Thema Prozessmanagement zu überzeugen ist, kaum akzeptiert werden.

Es gibt unterschiedliche Ansätze zur *Prozesswürdigung*. Sie kann durch eine *quantitative ABC-Analyse*[27] und die Bestimmung des sich hieraus ergebenden *Verbesserungs-* und *Standardisierungspotenzials* erfolgen oder auch anhand der *Anzahl der Schnittstellen*,[28] der *fach- bzw. organisationsübergreifenden Zusammenarbeit* sowie der *strategischen Relevanz* und des *Einflusses des Prozesses* auf *kritische Erfolgsfaktoren*, *Kernkompetenzen*, *Kundennutzen* und *-zufriedenheit* und schließlich der *Höhe des Risikopotenzials* etwa aufgrund *mangelnder Qualitätskontrollen*.[29]

[25] Im Sinne von Effektivität, Effizienz und Verbindlichkeit.

[26] Dieser Bottom-Up Ansatz steht dann im Gegensatz zu einem *Top-Down Ansatz*, bei dem eine Priorisierung von Prozessen aus der Unternehmensstrategie und der Prozesslandkarte abgeleitet wird.

[27] Häufigkeit der Prozesse im Jahr kombiniert mit einer Zeit- und Kostenanalyse bzw. Kostenschätzung aufgrund der Ressourcenbindung.

[28] Zu anderen Prozessen oder zwischen Abteilungen.

[29] Siehe hierzu (Wagner und Patzak 2007, S. 81ff), (Schmelzer und Sesselmann 2013, S. 108ff), (Fischermanns 2006, S. 153ff), (Best und Weth 2010, S. 84ff) und (Allweyer 2005, S. 65ff).

Die im Folgenden entwickelten Kriterien für eine Priorisierung orientieren sich an den Zielen *Effektivität*, *Effizienz* und *Verbindlichkeit*. Daneben beachten sie auch äußere Zwänge in Form von anzustrebenden Zertifizierungen oder rechtlichen Rahmenbedingungen, die ein Unternehmen dazu zwingen, den Reifegrad eines Prozesses zu erhöhen. Sie stellen damit einen Mix aus den oben genannten Bottom-Up und Top-Down Ansätzen dar. Die Überprüfung dieser Kriterien sollte in Eigenbewertung (durch die Prozesseigner) und in kritischer Fremdbewertung durch *Auditoren* erfolgen. Starke Abweichungen zwischen Eigen- und Fremdbewertung sind Indikatoren dafür, dass dem Prozess erhöhte Aufmerksamkeit geschenkt werden sollte.

Strategische Relevanz Ist der Prozess wichtiger Bestandteil für die Umsetzung der Unternehmensstrategie?

Verbesserungspotenzial Hat der Prozess ein besonders hohes Verbesserungspotenzial?

Compliance- & Risikomanagement Muss dem Prozess aufgrund rechtlicher Voraussetzungen oder aus Gründen von Zertifizierungen eine besonders hohe Aufmerksamkeit geschenkt werden?

Informationsmanagement Hat der Prozess ein weitergehendes Automatisierungspotenzial? Wird die verbindliche Prozessdurchführung durch Informationssysteme überprüft?

Abbildung 5.9 zeigt einen *Fragebogen*, durch den diese Kriterien abgefragt werden können. Er beschränkt sich auf 16 Einzelbewertungen und erlaubt somit eine schnelle Bewertung auch großer Prozessmengen. Für die Bewertung werden je Kriterium die Werte 1, 3 bzw. 9 vergeben, je nachdem welche Aussage zutrifft.[30] Der Handlungsbedarf aus Sicht der vier Hauptthemen nimmt mit der Höhe ihrer Bewertung zu. Dabei ergibt sich die Bewertung eines der Kriterien *Strategische Relevanz*, *Verbesserungspotenzial*, *Compliance* und *Informationsmanagement* aus der Summe seiner Einzelbewertungen und liegt zwischen minimal 4 und maximal 36. Die Gesamtbewertung schließlich ergibt sich aus der Summe aller Einzelbewertungen und liegt zwischen minimal 16 und maximal 144.

Für Prozesseigner bietet das in diesem Abschnitt vorgestellte Verfahren die Möglichkeit, den Wertbeitrag des verantworteten Prozesses für das Unternehmen zu beurteilen. Einer Unternehmensleitung gibt es die Möglichkeit der differenzierten Prozesswürdigung. Hierbei kann die Würdigung nach den genannten Einzelkategorien erfolgen. Jedoch ist es auch möglich, mittels Gewichtungsfaktoren eine Prozesswürdigung durchzuführen, die einerseits alle Themen im Auge behält, andererseits aktuelle Themen besonders berücksichtigt, etwa wenn eine prozessorientierte Risikobewertung durchgeführt wird.

[30] Alternativ könnte auch hier mit einem Farbschema gearbeitet werden, wie es im Process and Enterprise Maturity Model Verwendung findet.

		Eigen-bewertung	Fremd-bewertung
Strategische Relevanz	*Der Prozess soll (9) einen signifikanten bzw. (3) einen mittleren bzw. (1) einen geringen Beitrag im Sinne der Strategie leisten*		
	Der Prozess findet über (1) nur einen bzw. (3) wenige bzw. (9) viele Organisationseinheiten hinweg statt		
	Der Prozess hat (9) unmittelbare bzw. (3) mittelbare Auswirkungen auf die Zufriedenheit externer Kunden bzw. (1) unterstützt interne Abläufe		
	Die Prozessverantwortlichkeiten (1) sind klar geregelt bzw. (3) sind nicht für alle Beteiligten klar geregelt oder diese sind nicht ausreichend geschult bzw. (9) sind nicht geregelt		
Verbesserungs-potenzial	*Der Prozess findet im Unternehmen (1) selten bzw. (3) regelmäßig bzw. (9) sehr oft statt*		
	Die Prozessschritte (1) müssen strikt nacheinander ausgeführt werden bzw. (3) werden möglichst parallel ausgeführt bzw. (9) wurden noch nicht auf paralleles Ausführen hin geprüft		
	Qualitätssichernde Schritte (1) sind im Prozessmodell verankert bzw. (3) werden gelebt, sind aber nicht dokumentiert und werden auch nicht gemessen bzw. (9) gibt es bislang nicht		
	Eine optimierte und standardisierte Prozessführung (1) wird mittels Prozesskennzahlen gesteuert bzw. (3) ist mittelfristig geplant bzw. (9) erfolgt ad hoc aufgrund individueller Entscheidungen		
Compliance- & Risikomanagement	*Die Eintrittswahrscheinlichkeit für Fehler ist (1) gering bzw. (3) mittel bzw. (9) hoch*		
	Für den Prozess gibt es (1) geringe bzw. (3) mittlere bzw. (9) umfangreiche gesetzliche Anforderungen		
	Für den Prozess gibt es (1) geringe bzw. (3) mittlere bzw. (9) umfangreiche vertragliche Anforderungen		
	Fehler im Prozess (1) führen nur zu geringen, bzw. (3) zu mittleren bzw. (9) zu hohen finanziellen Schäden		
Informations-management	*Prozesskunden (1) können Prozessdaten selber pflegen und den Status abfragen bzw. (3) erhalten Informationen zum Prozess durch Mitarbeiter bzw. (9) können Informationen zum Prozessstatus nur aufwändig erfragen*		
	Schnittstellen zwischen genutzten IT-Systemen (1) sind automatisiert bzw. (3) die Daten müssen von Hand übertragen werden bzw. (9) es müssen erst die passenden IT-Systeme gefunden werden		
	Für den Prozessstart nötige Informationen (1) lassen sich elektronisch verarbeiten bzw. (3) müssen von Papier oder aus anderen Systemen erfasst werden bzw. (9) müssen zu Prozessstart erst ermittelt werden.		
	Der Prozess wird (1) durch hierfür entwickelte Software gesteuert bzw. (3) durch elektronische Dokumente wie Excel bzw. (9) durch Formulare oder eMail unterstützt		

Abb. 5.9 Fragebogen zur Prozesswürdigung

5.6 Zusammenfassung

- Methoden des Prozess-Assessments und Reifegradmodelle helfen, die Güte eines einzelnen Prozesses bzw. des Prozessmanagements insgesamt zu bestimmen. Ergebnis sind Reifegradeinstufungen, die von chaotisch/zufällig bis optimierend rangieren.
- Bei Prozess-Assessments sollte eine Eigenbewertung des Prozesseigners einer Fremdbewertung gegenübergestellt werden.
- Das Business Process Maturity Model unterstützt Reifegraduntersuchungen hinsichtlich betrieblicher Aufgabenfelder.
- Das Process and Enterprise Maturity Model liefert einen einheitlichen Rahmen zur Bewertung von einzelnen Prozessen und Prozessorganisationen.
- Die Analyseergebnisse nach dem Reifegradmodell EDEN ermöglichen neben einer Standortbestimmung auch die Formulierung von differenzierten Zielen, in welchen Kategorien welche Reifegradstufen mittel- und langfristig erreicht werden sollen.
- Die Prozesswürdigung ist ein Mittel zur Priorisierung der Prozesse eines Unternehmens und zur Identifikation von Handlungsfeldern zur Optimierung betrieblicher Abläufe hinsichtlich der Dimensionen Effektivität, Effizienz und Verbindlichkeit.

Prozesse von Prozesseignern

6

Beim Lesen der vorherigen Kapitel dieses Buchs sollte bereits deutlich geworden sein, dass auch Prozessmanagement selbst prozessorientiert betrieben werden sollte. So wird in Kap. 2 ein zentraler Prozess für Prozesseigner – *Bestehende Prozesse aufnehmen und optimieren* – beschrieben und wie folgt strukturiert:

1. Kunden und Kundennutzen bestimmen
2. Kennzahlen zur Überprüfung der Prozessergebnisse festlegen
3. Kritische Kennzahlen zur Prozesssteuerung identifizieren
4. Steuernde Ereignisse identifizieren und würdigen
5. Prozessschritte zuordnen und Prozess implementieren

Ausgehend von den Aufgabengebieten im Prozessmanagement und unter Beachtung der unterschiedlichen, in Kap. 5 vorgestellten Reifegradmodelle, lassen sich die folgenden weiteren *für Prozesseigner relevanten Prozesse* identifizieren:

Prozesseigner etablieren Hierbei handelt es sich um die strukturierte Einarbeitung von Prozesseignern in ihre Rolle sowie das Schaffen der fachlichen und organisatorischen Voraussetzungen für eine erfolgreiche Übernahme der Rolle.

Bestehende Prozesse aufnehmen und optimieren Dies ist letztlich der ausführlich in Kap. 2 behandelte Kernprozess aller Prozesseigner und wird im Folgenden nur vergleichend zu den anderen Prozessen thematisiert.

Neue Prozesse initiieren und implementieren Hierbei geht es um die Schaffung neuer, unternehmensweiter Prozessstrukturen etwa bei der Schaffung neuer Geschäftsfelder oder um unternehmensweite Synergien nutzen zu können.

Prozesse auflösen und ablösen Bei der Beendigung bestehender Prozesse ist sicherzustellen, dass diese nicht doch noch unkontrolliert im Unternehmen weiter gelebt werden und die Einführung von Neuerungen behindert wird.

C. Simon, B. Hientzsch, *Prozesseigner*, Xpert.press,
DOI 10.1007/978-3-658-06460-0_6

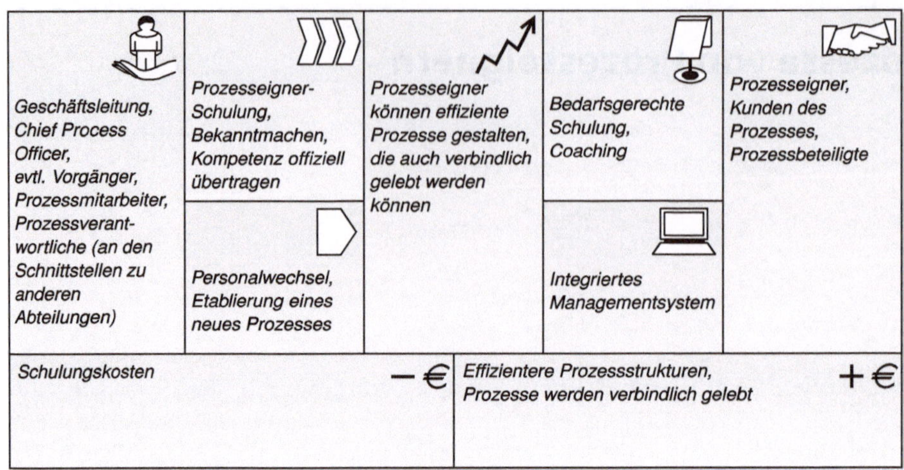

Abb. 6.1 Bewertungsmatrix zu *Prozesseigner etablieren*

Auch für diese Prozesse sind die Kunden zu identifizieren und der Kundennutzen ist zu bestimmen, analytische und steuernde Kennzahlen sind zu formulieren und wichtige steuernde Ereignisse sind festzulegen. Allerdings ist die tatsächliche Realisierung dieser Prozesse von den konkreten organisatorischen Rahmenbedingungen abhängig und kann nicht normativ, allgemeingültig formuliert werden.

Möglich ist aber je Prozess die Erstellung einer Bewertungsmatrix gemäß Abb. 4.13. Aus den Bewertungsmatrizen lassen sich dann Mindestanforderungen an den jeweiligen Prozess ableiten.

6.1 Prozesseigner etablieren

In der Praxis werden Prozesseigner leider oft durch Ernennung in ihre neue Rolle berufen, ohne dass sie angemessen fachlich und organisatorisch auf diese Aufgabe vorbereitet worden wären. Dabei ist es offensichtlich von zentraler Bedeutung, dass Prozesseigner ihr „Handwerkszeug" beherrschen und auch in ihrer Rolle innerhalb der Organisation angenommen werden. Andernfalls ist das Konzept Prozessmanagement für den betroffenen Prozess, je nach Wichtigkeit sogar für das Thema Prozessmanagement insgesamt, gefährdet.

Abbildung 6.1 zeigt die Bewertungsmatrix für den Prozess *Prozesseigner etablieren*. *Kunden* des Prozesses sind die Prozesseigner selbst, mittelbar aber auch die Kunden des vom Prozesseigner zu verantwortenden Prozesses. Schließlich profitieren auch alle an diesem Prozess beteiligten Akteure von einer systematischen Einführung des Prozesseigners und seiner Befähigung. Deren *Nutzen* besteht darin, Prozesse so gestalten und implementieren zu können, dass sie effizient ausgeführt und auch verbindlich eingehalten werden. *Unterstützer (Promoter bzw. Sponsoren)* hierfür sind die Geschäftsleitung und

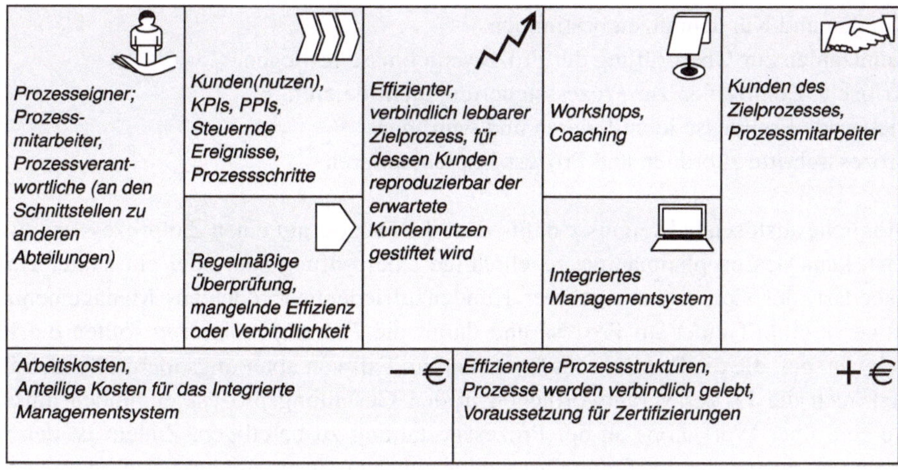

Abb. 6.2 Bewertungsmatrix zu *Bestehende Prozesse aufnehmen und optimieren*

evtl. der Chief Process Officer. Insbesondere sind die *Prozessmitarbeiter* über die neue Rolle des Prozesseigners zu informieren. Hieraus resultieren die *wertschöpfenden Aktivitäten* des Prozesses. Zur Dokumentation wird, sofern vorhanden, ein Integriertes Managementsystem als *Informationssystem* verwendet. Idealerweise erfolgt die *Einbindung der Prozesskunden* durch bedarfsgerechte Schulungen und Coaching. *Kosten* verursachen zielgerichtete Schulungen. Denen steht die Befähigung zur systematischen Erarbeitung effizienter und steuerbarer Prozesse als *Prozessergebnis* gegenüber.

6.2 Bestehende Prozesse aufnehmen und optimieren

Wenngleich das Aufnehmen bestehender Prozesse und deren Optimierung in Kap. 2 im Detail behandelt worden ist, soll hier trotzdem auch für diesen Prozess eine Bewertungsmatrix erstellt werden, um die wesentlichen Aspekte dieses zentralen Prozesses zusammenzufassen. Abbildung 6.2 zeigt die entsprechende Matrix.

Der Prozess *Bestehende Prozesse aufnehmen und optimieren* wirkt auf andere Prozesse.[1] Um diese gegeneinander abgrenzen zu können, soll in diesem Abschnitt der zweite Prozess *Zielprozess* genannt werden.

Kunden des Prozesses *Bestehende Prozesse aufnehmen und optimieren* sind neben den Prozesskunden des Zielprozesses auch dessen Prozessmitarbeiter. Deren *Kundennutzen* liegt in einem *effizienten, verbindlich lebbaren* Zielprozess, der reproduzierbar den erwarteten Kundennutzen stiftet. Um dieses Ziel zu erreichen, sind die in Kap. 2 ausgearbeiteten und am Anfang dieses Kapitels nochmals genannten fünf Schritte zu durchlaufen. In der Matrix sind diese verkürzt dargestellt:

[1] Primäre und sekundäre Prozesse sowie Managementprozesse gemäß Abschn. 2.1.

1. Kunden und Kundennutzen bestimmen
2. Kennzahlen zur Überprüfung der Prozessergebnisse festlegen
3. Kritische Kennzahlen zur Prozesssteuerung identifizieren
4. Steuernde Ereignisse identifizieren und würdigen
5. Prozessschritte zuordnen und Prozess implementieren

Mögliche auslösende Ereignisse dafür, dass der Prozess auf einen Zielprozess anzuwenden ist, kann dessen planmäßige, regelmäßige Überprüfung sein oder ein akuter Handlungsbedarf, der sich aus mangelnder Kundenzufriedenheit[2] oder aus Managementperspektive[3] ergibt. Treiber im Prozess und damit die *Prozesspromotoren* sollten die Prozesseigner sein, die die Prozessmitarbeiter und im Fall von abteilungsübergreifenden Prozessen auch die Prozessverantwortlichen in den Gestaltungsprozess einbinden müssen. Diese sind über Workshops an der Prozessgestaltung zu beteiligen. Zudem ist den Beteiligten ein *Forum* zur Verfügung zu stellen, in dem sie möglicherweise anonym eine angedachte Gestaltung des Zielprozesses kommentieren und eigene Ideen einbringen können. Ein solches Forum kann etwa informell so gestaltet werden, dass der Prozess in der Kaffeeküche aufgehängt wird und dort Stifte und Haftzettel zur Verfügung stehen, um Änderungen zu notieren. Gerade bei großen Unternehmen und verteilten Prozessen lohnt der Einsatz eines elektronischen Werkzeugs. Hierfür sollte ein eingesetztes *Integriertes Managementsystem* über entsprechende, zeitgemäße Kommentarfunktionen verfügen. In jedem Fall sollte ein solches *Integriertes Managementsystem* als zentrale Dokumentationsplattform genutzt werden. Neben *Arbeitskosten* sind insbesondere *anteilige Kosten* am Integrierten Mangementsystem zu erwarten. Klassische *Einnahmen* ergeben sich nicht. Wohl aber ermöglicht der Prozess *Bestehende Prozesse aufnehmen und optimieren* eine systematische Behandlung von Prozessthemen, ohne die auf Qualität und Compliance bezogene Zertifizierungen kaum erfolgreich bestanden werden können.

Durch wiederholtes Durchlaufen dieses Prozesses lassen sich die verantworteten Prozesse kontinuierlich verbessern. Ebenso, wie Prozesskennzahlen ein Verfallsdatum haben, ist zu überlegen, ob ein gestalteter Prozess nach angemessener Zeit wiederholt überprüft und hinterfragt werden sollte, um eine Veränderung des Markts, neue technologische Entwicklungen oder die Einbettung im Unternehmen, die sich durch Umstrukturierungen jenseits des Prozesses verändern kann, zu hinterfragen.

6.3 Neue Prozesse initiieren und implementieren

Auf den ersten Blick scheint der zuvor behandelte Prozess *Bestehende Prozesse aufnehmen und optimieren* zum hier behandelten Prozess *Neue Prozesse initiieren und implementieren*

[2] In diesem Fall ist der Prozess nicht effizient oder erzeugt nicht den vom Kunden erwarteten Kundennutzen.

[3] Auch in diesem Fall können die Defizite in der Effizienz liegen. Sie können aber auch von einer zu geringen Verbindlichkeit her rühren.

große Parallelen aufzuweisen. Tatsächlich werden die Unterschiede deutlich, wenn man die Wertmatrix in diesem Fall vom auslösenden Startereignis aus entwickelt.

Auch hier sind zwei unterschiedliche Prozessebenen zu unterscheiden. Dabei bezeichnet *Zielprozess* den neu zu initiierenden und implementierenden Prozess. Die Entwicklung neuer Zielprozesse kann durch verschiedene *auslösende Startereignisse* initiiert werden:

Ausweitung der Geschäftstätigkeit Erschließt sich eine Unternehmung ein neues Geschäftsfeld, so ist dies immer auch mit der Etablierung neuer wertschöpfender Prozesse verbunden. Das Problem hierbei ist, dass Abläufe völlig neu und möglicherweise in Ergänzung zu bestehenden Abläufen zu implementieren sind.

Etablierung neuer sekundärer Prozesse An das Etablieren von Zentralfunktionen[4] wird üblicherweise die Hoffnung geknüpft, durch Synergien Einspareffekte zu erzielen. Dazu müssen die Mitarbeiter eines Unternehmens aber umlernen. Erprobte und möglicherweise gut funktionierende Abläufe sind zu ersetzen. Werden die Gründe hierfür schlecht kommuniziert und die Prozessmitarbeiter unzureichend eingebunden, führt dies zu Ablehnung. Im schlimmsten Fall versuchen die Mitarbeiter den Prozess zu umgehen und auf einer persönlichen Ebene die eigentlich zu ersetzenden Abläufe weiterlaufen zu lassen wie bisher.

Insourcing Im Falle von Insourcing-Maßnahmen geht es üblicherweise um die Integration von Dienstleistungen, die bislang externe Dienstleister erbracht haben. Ähnlich wie bei der Etablierung neuer sekundärer Prozesse – und tatsächlich kann davon ausgegangen werden, dass beim Insourcing insbesondere sekundäre Prozesse betroffen sind – sind auch hier bekannte und möglicherweise bewährte Verhaltensmuster zu ersetzen und umzulernen. Dabei ist Sorge zu tragen, dass die neuen Prozesse auch tatsächlich von der Organisation verbindlich angenommen werden.

Fusion oder Kooperation Die letzten hier zu nennenden Fälle, bei denen die Initiierung und Implementierung neuer Prozesse notwendig werden kann, sind Firmenübernahmen, Firmenzusammenschlüsse und Kooperationen. Hierbei kann es notwendig werden, dass die Prozesse eines der beteiligten Unternehmen auf andere Firma übertragen werden, insbesondere bei einer Firmenübernahme. Bei Firmenzusammenschlüssen oder Kooperationen mit dem Ziel, die jeweiligen Produktpaletten komplementär zu erweitern, kann es auch notwendig sein, gänzlich neue Prozesse – etwa abteilungsübergreifende Entwicklungsprozesse – zu etablieren. In jedem Fall sind die hierdurch neu zu initiierenden Prozesse aus der Fusionsstrategie bzw. der Kooperationsstrategie abzuleiten.

Trotz dieser auslösenden Ereignisse, die signifikant von denen im Abschn. 6.2 abweichen, sind auch hier, wie in Abb. 6.3 dargestellt, als *Prozesskunden* die Kunden des Ziel-

[4] Ein Beispiel hierfür ist etwa ein zentraler Einkauf innerhalb einer Unternehmung.

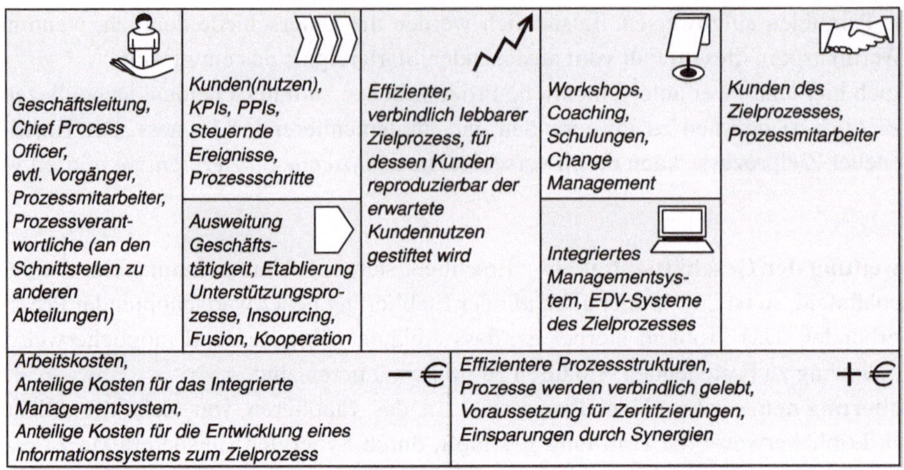

Abb. 6.3 Bewertungsmatrix zu *Neue Prozesse initiieren und implementieren*

prozesses sowie dessen Prozessmitarbeiter zu nennen. Stärker als bei der Gestaltung bestehender Prozesse sind diese durch Schulungen hinsichtlich der neuen bzw. veränderten Prozesse zu sensibilisieren, um ein *Change Management* zu ermöglichen. Hierdurch ist der gleiche, entscheidende *Kundennutzen* bei neu zu initiierenden Prozessen erreichbar, der auch bei der Gestaltung bestehender Prozesse zu erreichen ist. Neben der Dokumentation im Integrierten Managementsystem sollte bei neu zu initiierenden Zielprozessen darauf geachtet werden, dass sie so durch EDV-Systeme unterstützt werden, dass ein Festhalten an abzulösenden Prozessstrukturen unterbunden wird. Letztlich könnte man hierdurch begründen, dass die Liste der *wertschöpfenden Aktivitäten* um die Aspekte *Change Management durchführen* und *angemessenes Informationssystem implementieren* zu erweitern sei. Dies ist aber nicht notwendig, da diese Punkte auch ohne explizite Nennung in der Liste der wertschöpfenden Aktivitäten in der Bewertungsmatrix repräsentiert sind. Damit sind auch die *Einnahme-* und *Ausgabestrukturen* vergleichbar, die allerdings um Kosten für die Implementierung eines zum Zielprozess passenden und angemessenen Informationssystems zu erweitern sind. Diesen stehen wiederum Synergieeffekte als positive Prozessergebnisse gegenüber.

Aufgrund der besonderen Aufmerksamkeit, die einem neu zu initiierenden Prozess zu schenken ist, erweitert sich schließlich auch der Kreis der *Prozesspromotoren*. Neben den bereits in Abschn. 6.2 genannten Akteuren sind zusätzlich die Geschäftsführung bzw. der Chief Process Officer (CPO) als wichtige Rollen zur Ermöglichung des Prozesses zu nennen, da sich Kompetenzen und Weisungsbefugnisse ändern.

In jedem Fall ist bei neu zu implementierenden Prozessen darauf zu achten, dass deren auslösende Ereignisse allen Beteiligten bewusst sind und die Prozesse nicht daran scheitern, dass ihr Starten nicht bemerkt wird.

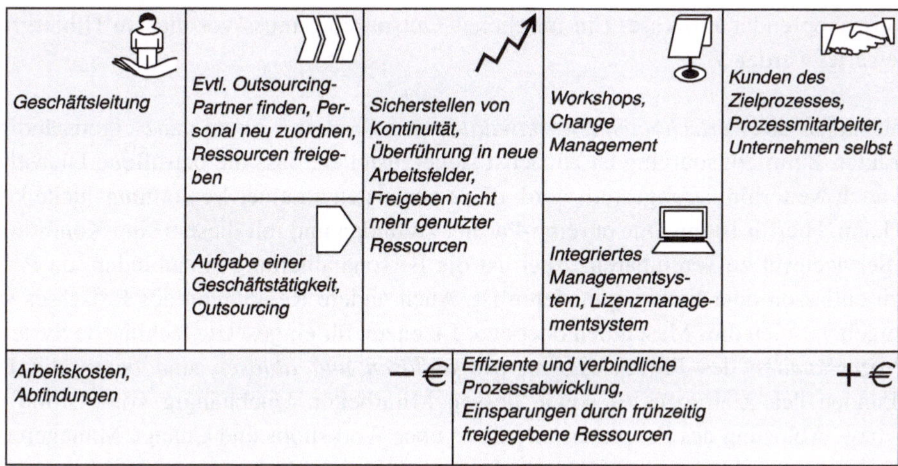

Abb. 6.4 Bewertungsmatrix zu *Prozesse auflösen und ablösen*

6.4 Prozesse auflösen und ablösen

Auch für den Prozess *Prozesse auflösen und ablösen* soll die Bewertungsmatrix von den *auslösenden Startereignissen* aus gedacht werden. Ergebnis ist die in Abb. 6.4 gezeigte Matrix.

Gründe dafür, dass ein *Zielprozess* aufzulösen oder abzulösen ist, liegen in der Umgestaltung der Organisation. Letztlich sind sie das Spiegelbild der in Abschn. 6.3 genannten Gründe dafür, in Unternehmen Prozesse neu zu initiieren. Allerdings können diese Gründe hier grober differenziert werden:

Aufgabe einer Geschäftstätigkeit Entschließt sich ein Unternehmen bzw. dessen Leitung, eine spezifische Geschäftstätigkeit aufzugeben, ist dies meist mit Enttäuschungen für die betroffenen Mitarbeiter verbunden. Und darin liegt die Schwierigkeit der Auflösung: Sie muss diesen Mitarbeitern klar und deutlich vermittelt werden. Ebenso ist allen anderen Mitarbeitern zu erklären, dass keine Ressourcen mehr in den Zielprozess zu investieren sind.

Outsourcing Beim Outsourcing werden sekundäre Prozesse ausgelagert und von externen Dienstleistern übernommen. Hierbei kann es sein, dass die bisher eingesetzten Mitarbeiter weiterhin eingesetzt oder durch neue Mitarbeiter des Outsourcing-Dienstleisters ersetzt werden. Welche Prozesse tatsächlich nur unterstützenden Charakter haben bzw. welche doch selbst wertschöpfend sind, ist nicht immer leicht zu entscheiden. So wird etwa die Bereitstellung von Informationstechnik oft als unterstützend wahrgenommen. Tatsächlich ermöglicht Informationstechnik heutzutage die Bereitstellung von Finanzdienstleistungen oder auch eine moderne Vermittlung von Lerninhalten. In diesem Sinne ermöglicht Informationstechnik heute die Bereitstellung zeitgemäßer, wertschöpfender Prozesse. Ein mögliches Outsourcing muss vor diesem Hintergrund bewertet werden.

Damit haben die *wertschöpfenden Aktivitäten des Prozesses* einen ganz eigenständigen Charakter. Beim Outsourcing ist zunächst sicherzustellen, dass die betroffene Dienstleistung auch weiterhin bereitgestellt wird, da es ansonsten zu einer Versorgungslücke kommen kann. Hierfür ist ein Outsourcing-Partner zu finden und mit diesem sind Konditionen und Servicelevel zu vereinbaren. Auch ist die Personalabteilung einzubinden, da Personal zu entlassen oder umzuorganisieren ist. Auch andere Ressourcen des Prozesses sind freizugeben, seien dies Maschinen oder evtl. Lizenzen für eingesetzte technische Systeme.

Prozesskunden des Prozesses *Prozesse auflösen und ablösen* sind damit die Prozesskunden des Zielprozesses sowie dessen Mitarbeiter. Unabhängig vom Grund der Auf- bzw. Ablösung des Prozesses sind diese über Workshops und Change Management-Maßnahmen *einzubinden*. Aus Gründen der Revisionssicherheit oder um die Chance eines späteren Insourcing zu wahren, ist der Zielprozess abschließend im Integrierten Managementsystem zu dokumentieren. Der *Kundennutzen* liegt damit im Sicherstellen von Kontinuität und einer strukturierten Überführung in neue Arbeitsfelder und Verantwortungsbereiche. Daneben gibt es wohl noch einen weiteren Kunden und dieser ist das Unternehmen selbst. Für dieses ist sicherzustellen, dass nicht mehr benötigte Ressourcen auch zeitnah freigegeben werden, so dass sie nicht über das Ende des Zielprozesses hinaus Kosten verursachen. Demzufolge ist die Geschäftsleitung zentraler *Prozesspromotor*. Aus ihrer Sicht ergeben sich *Kosten* etwa in Form von Arbeitskosten und evtl. Abfindungen. Auf der anderen Seite steht als *Prozessergebnis* neben einer effizienten und verbindlichen Prozessabwicklung auch Einsparungen durch möglichst frühzeitig freigegebene Ressourcen.

Ein besonderes Problem stellt dieser Prozess für den Prozesseigner des Zielprozesses dar. Dessen Verantwortungsbereich wird sich auf jeden Fall verändern und gleichzeitig ist er Konservator von Wissen. Dieses wird sich nur zum Teil dokumentieren lassen und schließlich nach und nach aus dem Unternehmen abwandern. Aus diesem Grund ist das Reaktivieren einer Geschäftstätigkeit durch Zurücknehmen einer Outsourcing-Maßnahme mit erheblichen Investitionen und letztlich neuem Erlernen des Prozesses verbunden.

6.5 Zusammenfassung

- Prozessmanagement selbst kann mit Methoden des Prozessmanagements effizient und verbindlich im Unternehmen verankert werden.
- Neben der Beschäftigung mit dem eigenen Prozess sind die folgenden vier Prozesse von zentraler Bedeutung für Prozesseigner:

  1. Prozesseigner etablieren
  2. Bestehende Prozesse aufnehmen und optimieren

3. Neue Prozesse initiieren und implementieren
4. Prozesse auflösen und ablösen

- Für jeden dieser Prozesse können Kunden und Kundennutzen allgemein in Form einer Wertmatrix formuliert werden. Diese ist auf das eigene Unternehmen anzupassen.
- Kennzahlen lassen sich zu diesen Prozessen nicht allgemein formulieren. Sie sind insbesondere vor dem erreichten Reifegrad einer Prozessorganisation abzuwägen.

7 Fazit

Mit wachsender Bedeutung des Themas Prozessmanagement in Unternehmen wird auch die Rolle der Prozesseigner immer wichtiger; sie gilt es unbedingt zu stärken. Denn geschulte Prozesseigner können kurzfristig steuernde sowie mittelfristig analytische und planerische Aufgaben übernehmen, durch die ein Unternehmen jenseits seiner Aufbauorganisation weiter entwickelt werden kann.

In den meisten Fällen haben und brauchen Prozesseigner nicht die disziplinarische Verantwortung für die Prozessbeteiligten. Damit müssen sie aber die Kunst des Führens ohne disziplinarische Verantwortung beherrschen. Sie müssen hinter den von ihnen zu managenden Prozessabläufen stehen, müssen motivieren und begeistern können. Aus betroffenen Kollegen vertrauensvolle Beteiligte zu machen, ist ein wichtiges Anliegen.

Dauerhaft wird das Prozessmodell nur durch Messung und Steuerung seiner Performance erfolgreich gelebt werden. Dazu müssen Prozesseigner und ihre Prozessbeteiligten im Unternehmen anerkannt sein und es muss eine gute Feedbackkultur geben. Denn wird ein Prozesseigner nach Berichten negativer Kennzahlenwerte persönlich angegriffen, wird er alles daran setzen, beim nächsten Reporting einen guten Kennzahlenwert vorzuweisen. Ob sich dadurch die Gesamtsituation des Unternehmens verbessert hat, wird für ihn persönlich zweitrangig. Umgekehrt sollten auch die Prozesseigner bei der Definition ihrer Kennzahlen im Auge behalten, welches Verhalten diese bei den Prozessbeteiligten provozieren.

Dieses Buch richtet sich speziell an *Prozesseigner* und bereitet sie auf ihre Aufgaben vor. Es legt einen besonderen Schwerpunkt auf die Themen *Effektivität*, *Effizienz* und *Verbindlichkeit*. Damit schließt es eine Lücke in der Prozessmanagement-Literatur. Diese reicht von umfassenden Werken, in denen das Thema grundsätzlich und von der konkreten Gruppe Prozesseigner unabhängig theoretisch entwickelt wird, bis zu praktischen Büchern, die durch zahlreiche Checklisten und Formulare einen Wert schaffen. Hier wird bewusst ein Mittelweg beschritten, indem soviel Prozessmanagement-Grundlagen vermittelt werden, wie sie ein Prozesseigner braucht, um seine Rolle in der Organisation finden zu

C. Simon, B. Hientzsch, *Prozesseigner*, Xpert.press,
DOI 10.1007/978-3-658-06460-0_7

können. Gleichzeitig wird zum Thema Kennzahlen sowie durch eine praxisnahe Fallstudie ein Anwendungsbezug hergestellt und die Umsetzung demonstriert.

Führt ein Unternehmen Prozessmanagement ein, so verändert es die Art, wie das Unternehmen geführt wird. Neben Leitern von Organisationseinheiten mit klassischer Umsatz- und Ergebnisverantwortung wird der Prozesseigner zu einer wichtigen Führungskraft im Unternehmen. Er definiert sich weniger über Finanzkennzahlen und über die Anzahl der ihm anvertrauten Mitarbeiten, sondern über die Qualität des von ihm verantworteten Prozesses. Deshalb ist es so wichtig, die kritischen Erfolgsfaktoren, die nicht direkt aus den Finanzkennzahlen ableitbar sind, durch geeignete Kennzahlen zu messen und zu steuern. Erst durch sinnvolle und vor allem mit Finanzkennzahlen auf Augenhöhe behandelten Prozesskennzahlen wird die Steuerung der Unternehmensprozesse ganzheitlich gelingen. Dazu ist die Einbindung des Controllings ein wichtiger und kritischer Erfolgsfaktor bei der Einführung von Prozessmanagement in Unternehmen. Benutzt ein Unternehmen Zielvereinbarungen, so sind Prozesskannzahlen für Prozesseigner und ausgesuchte Pozessbeteiligte in deren Zielvereinbarungen aufzunehmen. Passiert dies nicht, bleibt eine wichtige Steuerungsmöglichkeit ungenutzt.

Prozesseigner können durch Steuerung ihres Prozesses ganz maßgeblich zum Unternehmenserfolg beitragen. Sie müssen die Prozesse so gestalten, dass *Effizienz*, *Effektivität* und *Verbindlichkeit* gut ausbalanciert sind. Die Aufgabe oder die Rolle Prozesseigner muss bei der Ausstattung mit Kompetenzen und Ressourcen genauso bedacht werden wie die Rolle eines Betriebsleiters oder Leiters einer Organisationseinheit. Prozesseigner müssen konsequent und angemessen in die Unternehmenssteuerung eingebunden werden. Damit muss auch die Rolle eines Koordinators für Prozessmanagement (Chief Process Officer) etabliert werden. Auch hier sollte die fachliche Führung der Prozesseigner gegenüber einer disziplinarischen Führung im Vordergrund stehen. Denn wie in diesem Buch gezeigt wurde, wird das Thema Prozessmanagement selbst idealerweise auch über Prozesse gesteuert.

Insgesamt werden Unternehmen ihren Prozesseignern eine steigende Aufmerksamkeit widmen müssen, wenn sie sich die nachhaltigen Vorteile von Prozessmanagement erschließen wollen. Diese gehen über das Erreichen von Zertifikaten und über die Dokumentation betrieblicher Abläufe deutlich hinaus. Vielmehr kann Prozessmanagement einen signifikanten Beitrag leisten, damit Unternehmen

mit Blick auf die Effektivität sich auf ihre Kernkompetenzen konzentrieren,

mit Blick auf die Effizienz den bedarfsgerechten wirtschaftlichen Einsatz ihrer Ressourcen steuern und

mit Blick auf die Verbindlichkeit ein rechtskonformes Verhalten ihrer Mitarbeiter sicherstellen.

Literatur

Aalst, W. M. P., van der und K. Hee, van (2002): *Workflow Management – Models, Methods, and Systems*. MIT Press, Cambridge, MA.

Ahlrichs, F. und T. Knuppertz (2006): *Controlling von Geschäftsprozessen: Prozessorientierte Unternehmenssteuerung umsetzen*. Schäffer-Poeschel, Stuttgart.

Ahlrichs, F. und T. Knuppertz (2010): *Controlling von Geschäftsprozessen: Prozessorientierte Unternehmenssteuerung umsetzen*. Schäffer-Poeschel, Stuttgart, 2. Aufl.

Al-Debei, M. M.; R. El-Haddadeh und D. Avison (2008): Defining the Business Model in the New World of Digital Business. In: *American Conference on Information Systems (AMCIS 2008)*. Toronto, Paper 300.

Allweyer, T. (2005): *Geschäftsprozessmanagement: Strategie, Entwurf, Implementierung, Controlling*. W3L-Verlag, Herdecke.

Allweyer, T. (2009): *BPMN 2.0: Business Process Model and Notation*. Books on Demand, Norderstedt, 2. Aufl.

Allweyer, T. und T. Knuppertz (2009): *EDEN – Reifegradmodell Prozessorientierung in Unternehmen*. BPM Maturity Model EDEN e.V., Köln. http://www.bpm-maturitymodel.com/eden/export/sites/default/de/Downloads/BPM_Maturity_Model_EDEN_White_Paper.pdf (letzter Zugriff 30.6.2014).

Arndt, H. (2007): *Supply Chain Management – Optimierung logistischer Prozesse*. Gabler, Wiesbaden, 5. Aufl.

Bea, F. X. und E. Göbel (2010): *Organisation*. Lucius und Lucius, Wiesbaden, 4. Aufl.

Bea, F. X. und J. Haas (2013): *Strategisches Management*. Lucius und Lucius, Wiesbaden, 6. Aufl.

Best, E. und M. Weth (2010): *Process Excellence*. Gabler, Wiesbaden, 4. Aufl.

Bicheno, J. (2006): *Fishbone Flow: Integrating Lean, Six Sigma, TPM and TRIZ*. PICSIE Books, Buckingham, UK.

Bicheno, J. und Matthias Holweg (2009): *The Lean Toolbox: The Essential Guide to Lean Transformation*. PICSIE Books, Buckingham, UK, 4. Aufl.

BPMB (2011): BPMN 2.0 – Business Process Model and Notation. http://www.bpmb.de/index.php/Hauptseite (letzter Zugriff 30.06.2014).

Brenner, W. und V. Hamm (1995): Prinzipien des Business Reengineering. In: *Business Reengineering mit Standardsoftware*, Hrsg. W. Brenner und G. Keller. Campus, Frankfurt/Main, S. 17–43.

Brugger, R. (2009): *Der IT Business Case*. Springer, Berlin, 2. Aufl.

C. Simon, B. Hientzsch, *Prozesseigner*, Xpert.press,
DOI 10.1007/978-3-658-06460-0

Cristea, A.; M. Heucher; D. Ilar; T. Kubr; H. Marchesi; K. Müller; M. Waldner und A. Zsenei (2007): *Planen, gründen, wachsen: Mit dem professionellen Businessplan zum Erfolg*. McKinsey & Company. Redline Wirtschaft, Heidelberg, 4. Aufl.

deMarco, T. (1998): *Der Termin*. Hanser, München.

DIN EN ISO 9000 (2005): *Qualitätsmanagement: Grundlagen und Begriffe*. Brüssel, Berlin.

Engels, G.; A. Hess; B. Humm; O. Juwig; M. Lohmann; J.-P. Richter; M. Voß und J. Willkomm (2008): *Quasar Enterprise – Anwendungslandschaften serviceorientiert gestalten*. dpunkt.verlag, Heidelberg.

Fischermanns, G. (2006): *Praxishandbuch Prozessmanagement*, Bd. 9 von *ibo-Schriftenreihe*. Verlag Dr. Götz Schmidt, Gießen, 6. Aufl.

Gadatsch, A. (2009): Integriertes Geschäftsprozess- und Workflow-Management – Konzeption, Rollen und organisatorische Einbindung. In: *Prozessmanagement*, Hrsg. S. Reinheimer. dpunkt.verlag, Heidelberg, Bd. 266 von *Praxis der Wirtschaftsinformatik (HMD)*, S. 35–42.

Gaitanides, M. (2006): *Prozessorganisation*. Verlag Vahlen, München, 2. Aufl.

Ganz, W. und B. Bienzeisler, Hrsg. (2010): *Management hybrider Wertschöpfung – Potenziale, Perspektiven und praxisorientierte Beispiele*. Fraunhofer Verlag, Stuttgart.

Genrich, H. J. (1987): Predicate/Transition Nets. In: *Petri Nets: Central Models and their Properties, Advances in Petri Nets 1986, Part I*, Hrsg. W. Brauer; W. Reisig und G. Rozenberg. Springer, Berlin, Bd. 254 von *Lecture Notes in Computer Science (LNCS)*.

Genrich, H. J. und K. Lautenbach (1981): System Modelling with High-Level Petri Nets. *Theoretical Computer Science*, 13, S. 109–135.

Goldratt, E. M. und J. Cox (2010): *Das Ziel: Ein Roman über Prozessoptimierung*. Campus Verlag, Frankfurt, 5. Aufl.

Richter-von Hagen, C. und W. Stucky (2004): *Business-Process- und Workflow-Management*. Teubner, Stuttgart.

Hamilton, P. (2008): *Wege aus der Softwarekrise: Verbesserungen bei der Softwareentwicklung*. Springer, Berlin.

Hammer, M. (2007): The Process Audit. *Harvard Business Review*, 85 (4), S. 111–123.

Hanisch, H.-M. (1992): *Petri-Netze in der Verfahrenstechnik*. Oldenbourg Verlag, München.

Hansen, H. R. und G. Neumann (2009): *Wirtschaftsinformatik 1: Grundlagen und Anwendungen*. Lucius & Lucius, Stuttgart, 10. Aufl.

Herz, S.; O. Koch; J. Schellhase und U. Winand (2008): Strategiebasierte Bewertung von Anwendungslandschaften. In: *Unternehmensarchitekturen*, Hrsg. G. Riempp und S. Strahringer. dpunkt.verlag, Heidelberg, Bd. 262 von *Praxis der Wirtschaftsinformatik (HMD)*, S. 70–77.

Hofbauer, G. und C. Hellwig (2009): *Professionelles Vertriebsmanagement: Der prozessorientierte Ansatz aus Anbieter- und Beschaffersicht*. Publicis Publishing, Erlangen, 2. Aufl.

Hogrebe, F. und M. Nüttgens (2009): Business Process Maturity Model: Konzeption, Anwendung und Nutzenpotentiale. In: *Prozessmanagement*, Hrsg. S. Reinheimer. dpunkt.verlag, Heidelberg, Bd. 266 von *Praxis der Wirtschaftsinformatik (HMD)*, S. 17–25.

Hollingsworth, D. (1995): *Workflow Management Coalition: The Workflow Reference Model*. Workflow Management Coalition. Hampshire, UK, 1.1 Aufl. http://www.wfmc.org/standards/docs/tc003v11.pdf (letzter Zugriff 30.06.2014).

Humphrey, W. S. (1989): *Managing the Software Process*. Addison-Wesley, Reading, MA.

Imai, M. (1997): *Gemba Kaizen: A Commonsense, Low-Cost Approach to Management*. McGraw-Hill, New York.

Jensen, K. (1992): *Coloured Petri-Nets*. Springer, Berlin, 1. Aufl.

Jung, R. H.; J. Bruck und und S. Quarg (2007): *Allgemeine Managementlehre – Lehrbuch für die angewandte Unternehmens- und Personalführung*. Erich Schmidt Verlag, Berlin, 2. Aufl.

Keller, G.; M. Nüttgens und A.-W. Scheer (1992): *Semantische Prozeßmodellierung auf der Basis Ereignisgesteuerter Prozeßketten (EPK)*. Techn. Ber. 89, Universität des Saarlandes, Institut für Wirtschaftsinformatik, Saarbrücken.

Knuppertz, T. und U. Feddern (2011): *Prozessorientierte Unternehmensführung: Prozessmanagement ganzheitlich einführen und verankern*. Schäffer-Poeschel, Stuttgart.

Korell, M. und W. Ganz (2000): Design hybrider Produkte – Der Weg vom Produkthersteller zum Problemlöser. In: *Wettbewerbsfaktor Kreativität. Strategien, Konzepte und Werkzeuge zur Steigerung der Dienstleistungsperformance*, Hrsg. H.-J. Bullinger und S. Hermann. Gabler, Wiesbaden, S. 153–161.

Krcmar, H. (2005): *Informationsmanagement*. Springer, Berlin, 4. Aufl.

Kütz, M. (2009): *Kennzahlen in der IT: Werkzeuge für Controlling und Management*. dpunkt.verlag, Heidelberg.

Lautenbach, K. und C. Simon (1999): *Erweiterte Zeitstempelnetze*. Fachberichte Informatik 03–99, Universität Koblenz-Landau, Institut für Informatik, Rheinau 1, D-56075 Koblenz.

Leymann, F. und D. Roller (2000): *Production Workflow – Concepts and Techniques*. Prentice-Hall, Upper Saddle River, NJ.

Liesegang, D. G. und A. Pischon (1999): *Integrierte Managementsysteme für Qualität, Umweltschutz und Arbeitssicherheit*. Springer, Berlin.

Lippold, H. und M. Puhlmann (1988): *Zielsicher analysieren und steuern mit Bürokennzahlen*. Maschinenbau-Verlag, Frankfurt am Main.

Lohse, J. M. (1996): Mit Wertestrategie und Business Reengineering zur Marktorientierung. In: *Reengineering zwischen Anspruch und Wirklichkeit: Ein Managementansatz auf dem Prüfstand*, Hrsg. W. Brenner und G. Keller. Gabler, Wiesbaden, S. 289–298.

Lunau, S., Hrsg. (2006): *Six Sigma + Lean Toolset: Verbesserungsprojekte erfolgreich durchführen*. Springer, Berlin, 2. Aufl.

Merlin, P. (1974): *A Study of the Recoverability of Computer Systems*. Dissertation, University California, Irvine.

Mertens, P.; F. Bodendorf; W. Koenig; A. Picot; M. Schumann und T. Hess (2005): *Grundzüge der Wirtschaftsinformatik*. Springer, Berlin, 9. Aufl.

OMG Group (2008): Business Process Management Maturity Model (BPMM). http://www.omg.org/spec/BPMM/1.0/ (letzter Zugriff 30.06.2014).

Österle, H. (1995): *Business Engineering. Prozeß- und Systementwicklung: Band 1: Entwurfstechniken*. Springer, Berlin.

Osterloh, M. und J. Frost (2006): *Prozessmanagement als Kernkompetenz*. Gabler, Wiesbaden, 5. Aufl.

Osterwalder, A. und Y. Pigneur (2011): *Business Model Generation: Ein Handbuch für Visionäre, Spielveränderer und Herausforderer. Aus d. Engl. J. T. A. Wegberg*. Campus Verlag, Frankfurt am Main/New York. http://www.businessmodelgeneration.com (letzter Zugriff 30.06.2014).

Petri, C. A. (1962): *Kommunikation mit Automaten*. Techn. Ber., Schriften des Institutes für instrumentelle Mathematik, Bonn.

Pöppl, R. (2011): Schneller von der Idee zum Kunden. In: *Prozess Management: Zeitgemäße Gestaltung von Prozessen für die Praxis*, Hrsg. C. Fabig und A. Haasper. Books on Demand, Norderstedt, S. 92–100.

Porter, M. E. (2004): *Competitive Advantage*. Free Press, New York.

Ramchandani, C. (1974): *Analysis of Asynchronous Concurrent Systems by Timed Petri Nets*. Technical Report 120, MIT, Project MAC.

Scheer, A.-W.; R. Abolhassan; H. Kruppke und W. Jost, Hrsg. (2004): *Innovation durch Geschäftsprozessmanagement*, Bd. 2004/5 von *Jahrbuch Business Process Excellence, IDS Scheer*. Springer, Berlin.

Schmelzer, H. J. und W. Sesselmann (2013): *Geschäftsprozessmanagement in der Praxis*. Hanser, München, 8. Aufl.

Schreyer, M. (2007): *Entwicklung und Implementierung von Performance Measurement Systemen*. Gabler Edition Wissenschaft, Wiesbaden.

Schulte, C. (2012): *Logistik – Wege zur Optimierung der Supply Chain*. Verlag Vahlen, München, 6. Aufl.

Simon, C. (2001): *A Logic of Actions and Its Application to the Development of Programmable Controllers*. Dissertation, Universität Koblenz-Landau.

Simon, C. (2008): *Negotiation Processes: The Semantic Process Language and Applications*. Shaker-Verlag, Aachen.

Sommerville, I. (2011): *Software Engineering*. Pearson Education/Addison-Wesley, München, 9. Aufl.

Spath, D. und L. Demuß (2003): Entwicklung hybrider Produkte – Gestaltung materieller und immaterieller Leistungsbündel. In: *Service Engineering: Entwicklung und Gestaltung innovativer Dienstleistungen*, Hrsg. H.-J. Bullinger und A.-W. Scheer. Springer, Berlin, S. 467–506.

Stachowiak, H. (1973): *Allgemeine Modelltheorie*. Springer, Wien. Zitiert nach (Thomas 2005, S. 8–10).

Staud, J. L. (2006): *Geschäftsprozessanalyse: Ereignisgesteurte Prozessketten und objektorientierte Geschäftsprozessmodellierung für Betriebswirtschaftliche Standardsoftware*. Springer, Berlin. 3. Aufl.

Tavasli, S. (2007): *Six Sigma Performance Measurement System: Prozesscontrolling als Instrumentarium der modernen Unternehmensführung*. Gabler Edition Wissenschaft, Wiesbaden.

Techt, U. (2006): *Goldratt und die Theory of Constraints: Ein Quantensprung im Management. Syracom*. Syracom, Idstein, 2. Aufl.

Thomas, O. (2005): *Das Modellverständnis in der Wirtschaftsinformatik: Historie, Literaturanalyse und Begriffsexplikation*. Techn. Ber. 184, Universität des Saarlandes, Institut für Wirtschaftsinformatik, Saarbrücken.

Wagner, K. W. und G. Patzak (2007): *Performance Excellence*. Hanser, München.

Wirtz, B. W. (2010): *Business Model Management: Design, Instrumente, Erfolgsfaktoren von Geschäftsmodellen*. Gabler, Wiesbaden.

Witt, J. und T. Witt (2008). *Der Kontinuierliche Verbesserungsprozess (KVP)*. Verlag Recht und Wirtschaft, Frankfurt am Main, 3. Aufl.

Index

C. Simon, B. Hientzsch, *Prozesseigner*, Xpert.press,
DOI 10.1007/978-3-658-06460-0